DEVENIR COMPLICE
DE L'ENFANT TEFLON

Du même auteur :

- *Le syndrome de l'enfant teflon*,
éd. Quebecor
- *Comprendre et aider l'enfant teflon*,
éd. Le Souffle d'Or
- *Comment vivre heureux avec l'enfant teflon*,
éd. E=MC2 (Montréal)
- *Les 12 lois de la pédagogie moderne*,
éd. Quebecor
- *Les solutions pour empêcher le décrochage scolaire*,
éd. Quebecor

à paraître
aux éditions Le Souffle d'Or :

- *Comment aider votre enfant à vivre une adolescence douce*

DEVENIR COMPLICE
DE L'ENFANT TEFLON

Daniel KEMP

Le Souffle d'Or
BP 3
05300 BARRET-LE-BAS

Dépôt légal 4ème trimestre 1989

Couverture : Air Design / Grenoble
Photo de la couverture : Florence Tabourdeau
Impression et façonnage : BCI St Amand-Montrond

ISBN 2 84058 079 9

Le Souffle d'Or
BP 3
05300 BARRET-LE-BAS

Table des matières

Introduction

Dans de plus en plus de foyers et d'écoles, des jeunes tiennent tête aux adultes. Les efforts mis par la société pour contrer cette révolte de la jeunesse semblent insuffisants. Les suicides se multiplient, les décrocheurs du milieu scolaire se font de plus en plus nombreux. Au début, la jeunesse revendiquait certaines choses. Aujourd'hui, elle revendique de moins en moins, elle n'y croit plus.

Des adultes, parents et professionnels, tentent en vain de réconforter ces jeunes, de les aimer, de leur donner des raisons de vivre, de ne pas lâcher. Ils tentent de leur faire comprendre l'importance de la vie, de la matière, du travail. Ils tentent de leur vendre des idées religieuses, du positivisme, de la fraternité, de l'amitié...

Mais ces tentatives, bien qu'elles aient certains succès, échouent de plus en plus fréquemment. Une différence chez certains jeunes les rend réfractaires à ce genre d'aide. Ils sont teflons.

Le système colle de plus en plus mal sur eux. Les traditions tombent devant ces jeunes qui paraissent sans-coeur, incassables, hyperactifs, égoïstes, manipulateurs.

Plusieurs parents, professeurs, directeurs d'école et psychologues que j'ai rencontré me disaient que le problème avait une envergure telle qu'aucune solution ne semblait applicable. C'est vrai que le problème est considérable. Il ne date pas d'aujourd'hui, ni d'hier. Il a empiré graduellement au cours des âges. Mais il y a une solution. Il y a même ***DES*** solutions. Le problème réel est plutôt de savoir s'il y a des adultes pour les appliquer...

Je rappelle certains points très importants en ce qui concerne l'enfant teflon que j'appelle aussi enfant nouveau:

a) ce n'est pas un défaut d'être un enfant teflon, c'est un état
b) ce n'est pas un défaut que de ne pas être un enfant teflon, c'est un état
c) on ne doit pas se servir de ces mots pour travailler avec les jeunes
d) ce qui différencie l'enfant teflon de l'enfant qui ne l'est pas c'est que le premier est inadaptable, ou s'adapte très mal, alors que le deuxième s'adapte mieux
e) l'enfant teflon a besoin d'un cadre nouveau, neuf, pour être heureux, c'est pourquoi nous l'appellerons souvent enfant nouveau
f) l'enfant ancien aimerait avoir un cadre nouveau, mais se contente relativement bien du cadre traditionnel, le cadre ancien, c'est pourquoi nous l'appellerons enfant ancien
g) plusieurs adultes ont été des enfants teflons, mais pas aussi puissamment que certains jeunes le sont aujourd'hui. Ces adultes se reconnaissent souvent dans les paramètres de l'enfant teflon.

Des solutions, il y en a. Nous en avons déjà vu plusieurs dans le **volume numéro 2** de cette collection "**Savoir éduquer l'enfant teflon**". Nous allons donc plus loin dans ce tome, nous apprendrons pourquoi et comment devenir complice de la vie de ce jeune.

La majorité des problèmes humains
sont engendrés
par les différents points de vue
de chaque humain

1

OÙ EST LE PROBLÈME?

Qu'est-ce qu'un enfant?

Aussi bizarre que peut sembler cette question, elle est néanmoins fondamentale. Avant d'entreprendre l'éducation d'un jeune, avant même d'en mettre un au monde, il faut se poser sérieusement cette question.

Un enfant, est-ce un corps de chair, plus ou moins comme celui des parents, dont la psychologie est à remplir avec nos idées de la vie, nos idéaux et nos projections? Est-ce un jouet qui grandit trop vite? Est-ce un canal pour le trop plein d'affection que nous avons? Est-ce un problème pour les parents et la société en général? Est-ce un animal nuisible? Est-ce une création de Dieu? Est-ce notre gage de survie dans l'avenir? Est-ce un trophée mérité parce que nous avons réussi notre vie? Est-ce un employé qui devrait travailler pour nous dans la maison? Un enfant... qu'est-ce que c'est?

Chaque fois que l'on demande à des parents ou à des éducateurs ce qu'est, pour eux, un enfant, ils en parlent d'une façon très humaine, très respectueuse. Mais il ne s'agit pas de ce que nous pensons vraiment du jeune qui compte, c'est la façon dont nous agissons avec lui. Si nous nous éloignons du monde de la pédagogie et du monde familial pour observer les relations qui existent entre les adultes et les jeunes, nous aurons alors une vision plus réelle de ce qui se passe.

Plusieurs parents veulent aimer leurs enfants mais ne parviennent qu'à les battre. D'autres veulent communiquer avec eux et ne peuvent s'empêcher de crier sans cesse. Plusieurs parents forcent leurs enfants à devenir ce qu'eux auraient voulu être. D'autres s'en servent comme moyen de vivre l'affectivité qu'il n'ont pas eu ou pour passer celle qu'ils ont en trop. Dans des compétitions de karaté, il n'est pas rare de voir un adulte, un père souvent, engueuler son enfant parce qu'il a perdu son combat. Au hockey, c'est la même chose.

On doit véritablement se poser la question à savoir ce qu'est, pour nous, un enfant. Nous devons laisser de côté les considérations philosophiques toutes faites et apprises par coeur et nous contenter de sortir ce que nous voyons vraiment dans l'enfance et dans la jeunesse.

Une grande partie du milieu scolaire se fout éperdument du jeune. Il n'a qu'un objectif; travailler sur le jeune jusqu'à ce qu'il se déforme suffisamment pour s'intégrer dans notre monde d'adultes. On appelle cela l'éducation. Il y a toujours des exceptions. Mais le système scolaire en est un d'adultes, vu par des adultes et conçu en fonction de ce que ces adultes veulent faire des enfants.

Il y a deux systèmes d'éducation fusionnés en un seul; le système d'intégration et le système de soutien. Obliger les jeunes à soutenir notre société, une fois adultes, est une chose. Vouloir à tout prix qu'ils s'intègrent dans celle-ci quoi qu'ils en pensent, en est une autre.

Dans l'éducation, nous oublions souvent des choses d'une extrême importance. Pourquoi vivons-nous? À quoi nous sert la vie? Pourquoi la vivre? Que nous rapportera-t-elle?

Plus un être est conscient, donc intelligent, plus ce genre de questions, si elles restent sans réponses, peut occasionner des traumatismes qui peuvent conduire à l'alcoolisme, aux drogues ou au suicide.

L'enfant teflon, l'enfant nouveau, parce qu'il a besoin d'un cadre neuf pour être bien, est intelligent. Sa conscience grandit plus rapidement que la norme, plus rapidement que celle de l'enfant ancien, celui qui s'adapte bien au cadre ancien, traditionnel. Cette conscience n'attend pas l'éducation. Elle lui donne une vision neuve des choses. Plusieurs jeunes se heurtent à la vie plus violemment que ce que nous avons vécu à leur âge. Leur conscience est plus étendue que la nôtre ne l'était car ils ont accès à beaucoup plus d'informations, dans tous les domaines, que ce que nous avions et le monde dans lequel ils naissent est déjà très constitué. Parce que le monde semble achevé, parce que tout semble inventé, ils n'ont pas autant de possibilités d'espérer le changer, que nous en avions, aux mêmes âges.

Certains prétendent que tous les enfants sont pareils. Cela est totalement faux. Chaque enfant est différent de tous les autres. Bien qu'ils aient certains caractères similaires les regroupant, ils sont des individus différents et nous ne pouvons absolument pas prétendre les éduquer tous de la même façon.

Un enfant, c'est, avant tout, un être humain. Son âge n'a rien à voir avec cela. Il n'a pas l'expérience de l'adulte, mais il est un être humain qui a droit aux mêmes privilèges que les autres, quel que soit son âge.

C'est un être qui, comme nous, se retrouve sur la Terre, et qui, comme nous, est confronté à de l'ignorance, dans le monde dans lequel il vit. Il ignore tout de celui-ci et presque toute sa vie, il tentera de l'explorer. Il a ses yeux, ses possibilités de logifération, de réflexion et nous ne devons pas colorer celles-ci par les nôtres.

Si l'éducation a toujours été de l'intégration, si elle a toujours été une technique d'adultes pour obliger les jeunes à rentrer dans les rangs, elle devra changer car les enfants teflons ne pourront l'accepter, ils en sont allergiques psychologiquement.

La relation adulte-enfant.

Si les jeunes n'ont pas demandé à naître et à avoir tels ou tels parents, ceux-ci n'ont pas non plus demandé que ces enfants là, plutôt que d'autres, naissent sous leur responsabilité. Une chose est évidente, nous devons vivre ensemble et autant que ce soit pour le mieux et non pour le pire.

Trop souvent, après avoir servi de jouet, d'exutoire affectif, les enfants deviennent des problèmes, même s'ils n'en causent pas.

On hésite à les emmener avec nous où nous allons, convaincus qu'ils dérangent continuellement. On supporte mal que quelqu'un d'autre les réprimande, parce que nous avons l'impression que c'est nous qu'on réprimande ou que nous ne sommes pas de bons parents puisque les autres doivent s'occuper de nos enfants.

Cette psychose de l'enfant qui dérange est tellement développée chez nous que de moins en moins d'adultes veulent avoir d'enfants. Plus ces adultes sont jeunes, moins ils en veulent. Il se sont fait dire ou ils l'ont suffisamment entendu autour d'eux; "*des enfants, ça dérange*".

Une grande part de l'éducation parentale est uniquement de l'oppression. L'adulte croit qu'éduquer veut dire se faire obéir, avoir raison. Il est facile de constater que l'éducation faite par la majorité des parents et des professionnels n'est qu'une formation à l'esclavage. Ils veulent que leurs enfants les écoutent, les respectent, leur obéissent à la lettre et ne les dérangent pas.

Un enfant, pour plusieurs adultes, c'est une bouche de plus à nourrir, du linge de plus à laver, une chambre de plus à ranger, du temps de plus perdu à faire autre chose que ce que l'on voudrait, des visites à l'école pour arranger les choses avec les professeurs, des devoirs à faire faire. Ce sont des dépenses de plus, des problèmes de plus. Et, en retour, que rapporte un enfant? Par rapport à ce qui vient d'être dit, absolument rien. Sauf dans des pays où il est légal de faire travailler des jeunes à temps plein. Là, il est rentable d'avoir plusieurs enfants à son service.

Pourquoi donc les adultes ont-ils encore des enfants? Ils ne savent à peu près pas comment les éduquer, comment devenir leurs amis, de vrais amis. Ils se plaignent continuellement, du moins la majorité, que leurs enfants sont des problèmes. Ils passent les trois quarts de leur vie d'adulte au service du jeune, ils investissent des centaines de milliers de dollars par enfant, de sa naissance à son départ. Pourquoi diable les adultes continuent-ils à avoir des enfants?

Certains diront que c'est normal d'avoir des enfants. Que c'est la seule façon de garantir notre avenir, qu'il est écrit dans la Bible que nous devons croître et nous multiplier. D'autres diront qu'ils aiment les enfants, qu'ils ne voient pas une famille sans enfants. Et, bien sûr, il y a les accidents, les enfants qui viennent par surprise.

Bien que spirituellement et moralement, la majorité des adultes parlent en bien de l'enfance et des jeunes, il n'en demeure pas moins que presque tous les parents ont eu, ont présentement, ou auront de sérieux problèmes avec leur progéniture. Plus le jeune est teflon, plus les problèmes risquent d'être sérieux.

Quoi qu'en disent les adultes, avoir un enfant, c'est avoir un problème sur les bras. Les professeurs, les parents, les orienteurs, les psychologues, les médecins, les travailleurs sociaux et les policiers réunis n'arrivent pas à grand chose en fin de compte. Les jeunes sont de plus en plus inatteignables par les lois et les règles des adultes.

Bien sûr, cette vision n'est pas très encourageante, mais elle est assez réaliste, du moins du point de vue du parent ou du professionnel qui est rendu à la limite de ses capacités. Avoir des enfants est déjà un problème. C'est un problème de conscience. Nous n'AVONS pas d'enfants. Nous ne pouvons prétendre POSSÉDER des enfants. Ils viennent chez nous, mais ils ne peuvent nous APPARTENIR.

Ce n'est pas un point de vue philosophique que j'énonce là. C'est une réalité. Nous devons changer notre attitude face aux jeunes si nous voulons parvenir à renverser la vapeur, si nous voulons cesser de vivre des problèmes avec eux.

Il faut comprendre que quand l'enfant devient un adulte, il vient de changer de monde. Alors il s'adapte à ce nouveau monde et s'éloigne lui aussi des jeunes. Présentement, il y a véritablement deux planètes, deux mondes. L'un est habité par des adultes et l'autre par des jeunes. Il se font la guerre. Le monde des grands lutte pour intégrer celui des jeunes. Ils veulent détruire le jeune pour en faire un grand. C'est là l'éducation des adultes face aux enfants et c'est là le début des problèmes.

La vision des adultes est tellement déphasée de celle des jeunes qu'il ne peut y avoir de véritables compromis entre les deux. Plusieurs diront que c'est normal, que c'est toujours comme ça que les choses se sont faites... Il fut un temps où les parents choisissaient le mari ou la femme de leurs enfants. C'était normal, correct, traditionnel, c'était comme cela que ça se faisait depuis l'aube des temps. Mais un jour, des jeunes sont devenus allergiques psychologiquement à ce besoin des adultes d'avoir main mise sur leur vie, d'avoir raison. Ils se sont révoltés et ont rendu leurs parents très malheureux. On les traitait alors de sans-coeur, d'égoïstes, d'amoraux, d'anormaux. Cela ne les a pas empêchés de changer les traditions sociales.

Aujourd'hui, la majorité des femmes et des hommes ne pourraient concevoir un mariage organisé par d'autres qu'eux. Ils ne pourraient accepter qu'on leur désigne leur femme ou leur mari. Les choses ont changé pour le mieux, mais sur le coup, tout paraissait terrible pour les parents impuissants. Cela leur semblait la fin du monde, la décadence de la société. Maintenant que c'est passé, tout est mieux. C'est la même chose pour les révoltes des jeunes d'aujourd'hui. Plusieurs parmi eux sont des enfants teflons et ils ne peuvent accepter la tradition sans y avoir mis leur grain de sable, quand ce n'est pas tout un désert qu'ils veulent y mettre.

Nous avons l'impression qu'ils doivent nous obéir, qu'il doivent passer par les mêmes chemins que nous. Mais ils ne peuvent pas, ils sont trop différents de nous. Ils doivent, pour ne pas causer de problèmes, pour être de bons enfants:

a) manger ce que nous leur donnons, à l'heure où nous le voulons et avec les ustensiles que nous voulons. Il n'y a rien de plus fatigant qu'un jeune qui est difficile et qui rouspète toujours à la table. Si tous les jeunes avaient les mêmes goûts que nous, ce serait tellement mieux. Parce que nos goûts sont de vrais goûts, pas les leurs qui ne sont que des goûts de difficiles.

b) Ils doivent s'habiller selon nos goûts, comme nous voulons, quand nous voulons. Évidemment c'est nous qui savons quand ils sont bien habillés. Eux ne peuvent savoir, il n'ont que des goûts bâtards et décadents, des goûts de jeunes. Nous aimons les voir bien habillés, c'est-à-dire selon nos goûts, c'est nous qui payons leur linge, ils n'ont qu'à le mettre et à se la fermer.

c) Ils ne doivent pas salir le linge qu'ils ont sur le dos, même si cela restreint leurs jeux. Ils ne pensent qu'à ça, jouer. Vive le temps où ils sauront se tenir et rester propres. Plus vite ils vieilliront mieux ce sera... pour nous évidemment.

d) Ils doivent se tenir avec les copains que nous avons acceptés pour eux. C'est bizarre comme ils ont tendance à se tenir avec du monde non-recommandable. Nous devons tout faire pour eux, même choisir leurs amis parfois.

e) Ils doivent être à la maison aux heures que nous leur indiquons, sinon ils nous inquiètent et nous créent des problèmes. Il peut leur arriver tellement de choses dans la société actuelle, plus vite ils sont à la maison, plus vite ils sont en sécurité, même s'ils ont l'impression d'être en prison.

f) Ils doivent se lever aux heures que nous

avons fixées pour eux. Ils ne doivent pas devenir des paresseux. En plus, ils doivent prendre l'habitude de ne pas arriver en retard. Cela leur servira plus tard, même si, pour apprendre, ils doivent arriver à l'heure à des rendez-vous que nous avons fixés pour eux, comme l'école.

g) Ils doivent passer 15 ans minimum de leur jeunesse à aller à l'école afin de devenir des adultes, un jour, et nous remplacer dans la société ainsi qu'auprès des futurs jeunes. Même si, pour eux, ils perdent leur jeunesse à se préparer à devenir des adultes, alors qu'ils voient ceux-ci perdre leur vieillesse à regretter leur jeunesse.

h) Ils n'ont pas droit aux congés de maladie ou de fatigue parce que ce n'est pas bon pour eux, ils manquent des matières importantes à l'école... et ils nous embêtent car ils nous dérangent à la maison ou ils nous obligent à leur trouver une gardienne... de toute façon ils dérangent et ils seraient bien mieux à l'école.

i) Ils n'ont pas le droit de faire du bruit, car ils doivent apprendre immédiatement le respect des autres, et en plus, ils nous embêtent avec leur tapage.

Cette liste n'en finit plus. Chaque fois que j'observe un parent éduquer un jeune, bien que souvent sous le couvert de la morale, de la bonne tenue ou de l'éducation en général, je constate toujours qu'il ne recherche en fait que la paix. Presque tout notre système d'éducation, à ne pas confondre avec le système d'instruction, est fondé sur cette base, avoir la paix.

L'éducation actuelle de trop d'adultes est uniquement un système de restrictions, c'est un système qui essaie de camoufler la présence du jeune. Un jeune bien éduqué est un jeune qui ne paraît pas et qu'on n'entend pas.

Plusieurs parents que j'ai rencontrés contestaient cette vérité. Ils me disaient que c'était sans doute vrai chez beaucoup de parents, mais pas chez eux. Nous voulons tous être de bons parents. Mais nous ne savons finalement pas ce qu'est un bon parent. Nous essayons donc de l'être selon une norme, un standard. Nous voulons être reconnus comme de bons parents selon cette normalité. Tout ce que nous faisons de mal, si tous les parents le font, doit être bien. C'est ce genre de réflexion inconsciente qui conduit souvent l'éducation des parents.

Il fut un temps où battre un enfant à coups de bâton était reconnu comme une méthode normale de pédagogie. Pourquoi? Parce que la majorité des parents battaient ainsi leurs enfants. C'était bien d'éduquer un jeune ainsi. C'était une bonne façon pour qu'il ne recommence plus, pour qu'il nous obéisse.

C'est ça le problème, les parents et les professionnels veulent ÊTRE OBÉIS.

À bas l'obéissance!

Suite à une conférence que je donnais dans la région de Drummondville, j'ai reçu une lettre d'une personne qui travaille dans le milieu scolaire et qui me disait que je me trompais totalement dans ce que j'avançais. Elle s'était reconnue comme ayant été une enfant teflon, mais m'écrivait qu'elle était maintenant sauvée car elle avait rencontré l'amour. Elle me reprochait de saluer comme un bien social l'enfant teflon, alors que pour elle ces jeunes représentaient un danger important à réprimer à tout prix. Elle me reprochait d'accréditer le fait que les jeunes qui sont intelligents ne peuvent pas obéir. Elle m'écrivait finalement que je devais être un délinquant moi-même car je semblais considérer comme normal le fait qu'un jeune ait besoin de désobéir, de voler, de dire non, etc.

C'est justement des personnes comme elle qui nuisent le plus au solutionnement des problèmes avec la jeunesse. Non seulement elle ne comprend plus rien aux jeunes qui sortent de la normalité, mais elle considère qu'ils sont automatiquement délinquants et dangereux socialement et que nous devons tout faire pour les ramener dans ce qu'elle considère le droit chemin.

Nous devons changer d'attitude. Nous ne pouvons éduquer les jeunes d'aujourd'hui comme nos parents nous ont éduqué. Ils ont fait leur possible, mais dans la majorité des cas, leur éducation nous a simplement intégré dans leur monde, ce qui n'est pas nécessairement pour le mieux. Imaginez encore ce que ce serait si notre mariage était toujours organisé par nos parents qui ne veulent que notre bien...

Un enfant teflon n'est pas nécessairement un enfant à problèmes. Il peut devenir délinquant si le monde des adultes le refuse et le force à cette déviation. Mais nous devons aussi savoir pourquoi un jeune est délinquant et quelles sont les limites de la délinquance. Dès qu'un jeune refuse de nous obéir, la société le catalogue. C'est peut être nous les délinquants...

L'obéissance ne doit plus être un facteur d'éducation. Nous ne devons plus exiger de nos jeunes qu'ils nous obéissent. Nous devons trouver autre chose...

L'obéissance va totalement à l'encontre du développement de l'intelligence. Elle est une inhibition progressive qui tarit l'intelligence. Elle est à rejeter par nous, les éducateurs, car elle le sera de plus en plus par les jeunes que nous devons éduquer.

Une chose avant d'aller plus loin; l'intelligence ne se mesure pas avec des examens, des notes scolaires ou des tests. Ce n'est pas de l'intellectuence. L'enfant ancien, celui qui s'adapte aux traditions, n'est pas aussi intelligent que l'enfant teflon, l'enfant nouveau qui a besoin de cadres neufs pour vivre. L'intelligence va de pair avec la conscience. L'obéissance ne développe que l'esclavagisme inconscient. C'est une programmation d'intégration. Parce que nous voyons nos jeunes faire comme nous et penser comme nous, nous les disons intelligents. Comme nous voulons avoir l'impression que nos enfants le sont, nous les forçons à nous obéir, afin qu'ils fassent ce que nous attendons d'eux pour pouvoir les déclarer normaux et intelligents.

Le problème c'est que nous nous considérons intelligents. À partir de cette base, nous considérons que ce que nous faisons et pensons est intelligent. C'est pourquoi nous tenons tant à ce que nos enfants soient plus ou moins comme nous.

Mais si l'intelligence ne se rapporte pas aux notes scolaires, si l'intelligence ne se rapporte pas à l'obéissance, si ce n'est pas la politesse, si ce n'est pas le respect, si ce n'est pas la compassion, la culpabilité, l'affection... Si l'intelligence est autre chose que ce que nous avons cru et si les enfants teflons sont intelligents, nous ne pouvons pas faire autrement que d'avoir des problèmes avec eux.

Une grande majorité des enfants qui viennent au monde sont intelligents, bien que cette intelligence ne soit pas encore développée et exprimée chez eux. Alors commence immédiatement le travail des adultes, l'éducation. Plus souvent qu'autrement, nous n'instruisons pas les enfants en bas âge, nous les déformons par l'éducation.

À partir de livres de normalité, de ce que doit être le développement normal d'un enfant, nous faisons tout ce que nous pouvons pour qu'il cadre avec cette normalité. Il doit être un bon enfant et nous devons paraître de bons parents.

Notre éducation inhibe le développement de l'intelligence chez le jeune. C'est pourquoi nous avons toujours des résultats douteux socialement. Nous ne participons pas à son développement, nous le freinons.

Notre vision de la jeunesse y est pour beaucoup et notre attitude avec les jeunes fait le reste. Nous voulons qu'ils obéissent afin qu'ils nous laissent en paix. Nous voulons nous servir d'eux quand cela nous arrange et le reste du temps nous voulons qu'ils s'arrangent pour ne pas paraître.

Il y a évidemment plusieurs jeunes qui ne sont pas teflons, mais qui sont mésadaptés de par leur incapacité à exprimer de l'intelligence, et eux doivent apprendre l'obéissance car c'est tout ce qu'ils peuvent faire. Mais nous devons cesser d'anéantir celle qui se développe chez la majorité des jeunes d'aujourd'hui, les enfants teflons, et cela au nom de l'éducation, de l'obéissance, de la paix, des théologies, etc.

La relation enfant-adulte.

Notre point de vue d'adulte n'est pas le seul à devoir être considéré. Le jeune a aussi le sien et il diffère grandement du nôtre. Lui aussi se voit confronté à un monde sévère, restreint et problématique. Il est né, un jour, sans savoir ce qui se passait et a commencé à subir l'éducation de quelconques adultes. Avec le temps, il a fini par reconnaître ces éducateurs-serveurs, ceux qui se font appeler "parents".

Il a vite appris à ne pas pleurer, il dérangeait ses parents, à manger sans baver, il dérangeait ses parents, à être propre, il dérangeait ses parents, à ne pas fouiller partout, il dérangeait ses parents, à ne pas mettre tout dans la bouche, il inquiétait ses parents, à ne pas tomber en bas des chaises ou des escaliers, puisque lorsqu'il se blesse, il dérange ses parents. Il était faible, nouveau, petit, sans expérience. Il a vite été déformé. Il a mangé une nourriture qui lui donnait des nausées. Il s'est vu interdire des desserts qu'il aimait. Sa vie s'est vite limitée à ce que ses parents lui permettaient et lui interdisaient.

Lentement, il découvre ce qui lui arrive, les limitations placées devant lui uniquement par ses parents. Il se rend progressivement compte qu'il ne peut rien décider pour lui. On le fait garder, on l'envoie à la maternelle, puis à l'école. On se débarrasse souvent de lui ainsi. Et là, on l'occupe, pas toujours avec ce qu'il veut, on l'instruit, alors qu'il n'a pas encore compris ce qu'il fait là, sur un banc d'école.

On lui dit ce qu'il doit faire et ne pas faire. Pire, on le dispute quand il oublie ou quand il n'obéit pas. Bien sûr, lui ne sait pas encore ce qu'il veut, mais il s'est déjà fait une bonne idée de ce qu'il ne veut plus. Mais ça ne semble pas avoir d'importance pour personne. On lui parle de normalité, on lui dit qu'il doit être normal, comme tout le monde. Quand il a des idées en accord avec les autres, on lui dit qu'il pense bien. Quand il n'est pas d'accord, on lui demande ce qu'il a, comme si c'était une maladie, on lui demande de cesser de niaiser, alors que lui est sérieux.

Plus il grandit, plus il se confronte à ce monde. Bien sûr, s'il n'est pas trop intelligent, c'est-à-dire s'il ne prend pas trop conscience de ce qui lui arrive, il finit par se transformer. Il finit pas faire siennes les pensées et les idées des autres, de la masse. Il vivra de la même façon les peurs, les angoisses, les jalousies, l'amour, etc.

Mais s'il est différent jusque dans son intelligence... Alors il prend conscience de ce qui l'entoure et de lui au centre de tout ça. Et il dit non...

Pour l'adulte commencent les véritables problèmes et il a tout un arsenal pour contrer le goût d'indépendance du jeune. Il y a les réprimandes, la culpabilité, les menaces, le chantage, la morale, la souffrance des parents, la souffrance physique... Et si tout ça échoue, il y a les psychologues, les psychiatres et les médicaments.

Lentement, à la violence des adultes, l'enfant, jeune ou adolescent, répond par la violence. Elle prend différents visages. Le suicide, les agressions physiques, la destruction dite gratuite des choses matérielles, etc. Il y a bien sûr des moyens de fuir toute cette conscience, les mêmes moyens que ceux qui sont employés par les adultes; la boisson et la drogue.

Si tous les enfants teflons ne passent pas par un chemin de désolation, de destruction et de violence, la majorité n'y échappera pas. Pas à cause de leur nature, de leur façon de penser, non. Mais à cause de certains adultes, à cause de leur refus de voir du neuf dans la jeunesse et dans leur refus de laisser les choses changer.

Nous sommes confinés à un grave problème. Nous devons aujourd'hui rendre des comptes au sujet de nos vies, de nos sociétés et de ce que nous avons prévu comme avenir. Nous devons rendre des comptes, non pas à Dieu, mais à nos enfants. Tant que nous serons incapables de le faire ou tant que nous aurons honte de le faire, le problème ira en grandissant.

Reconnaître l'enfant teflon.

Tous les jeunes ne sont pas teflons. Plusieurs le sont véritablement. Plus de 10% des enfants du niveau secondaire le sont. Plus de 20% au niveau élémentaire. Plus le temps passe, plus les jeunes qui naissent le sont et le sont solidement.

Bien reconnaître un enfant teflon d'un enfant qui ne l'est pas est primordial. Presque tous les enfants peuvent devenir teflons, mais la majorité qui le sont d'une façon solide ne pourront jamais revenir sur leurs pas. Pour bien reconnaître ce jeune, la meilleure chose à faire est de se référer au premier volume de cette série, "***LE SYNDROME DE L'ENFANT TEFLON***".

Il n'est pas du ressort de ce troisième volume de discerner l'enfant teflon du reste des jeunes. Néanmoins, il est de beaucoup souhaitable de bien savoir reconnaître le jeune teflon.

Un problème existe, l'enfant.

Il est évident que si tous les enfants et les jeunes de notre société étaient obéissants et accomplissaient tout ce que nous leur demandons, tout serait plus facile. Ils mangeraient comme il faut, c'est-à-dire comme nous, ils iraient à l'école et auraient des notes en rapport avec leur cerveau et non plus avec leur goût d'apprendre. Ils seraient polis et flatteraient notre ego. Ils feraient le ménage de leur chambre et quelquefois celui de la maison et, de plus, ils feraient nos commissions.

Tout serait tellement plus facile si nos enfants étaient comme ça. Mais l'esclave parfait ne doit pas être intelligent car sinon il se révolterait. L'enfant teflon est non seulement intelligent, mais il est puissant. Il a la force psychologique de résister à l'adulte. C'est là le problème, il nous résiste.

Nécessairement, nous devons tenir compte de cette résistance. L'éducation s'est presque toujours limitée à briser cette résistance. Mais plus un être humain, quel que soit son âge, est intelligent, plus il devient difficile à briser. Il devient incassable.

Fondamentalement, l'enfant n'est pas un problème. Il en est un uniquement pour les choses établies. Il vient avec ses idées et perturbe nos habitudes. Il doit être "éduqué" à nos religions, à nos croyances, à nos espoirs, à nos façons de vivre et de mourir...

Un problème existe, la société.

Nous avons vu l'enfance du point de vue de l'adulte. Si nous nous déplaçons vers le point de vue du jeune, tout change. C'est l'adulte qui devient le problème ainsi que notre société.

Pour l'enfant, le monde qui l'attendait à sa naissance, bien qu'essentiel, est le véritable problème. Pour pouvoir réellement vivre avec un enfant, et encore plus un enfant teflon, il faut toujours partir de son point de vue et non du nôtre. Il faut comprendre que tout est relatif. Cela veut dire que rien ne peut être considéré comme étant d'une véracité absolue. Tout dépend du point de vue. Mais le point de vue fait souvent office de vérité. C'est d'ailleurs là que commencent les problèmes. Pas uniquement ceux entre les adultes et les enfants, mais entre tous les hommes. Qui a raison? Moi ou Toi?... Personne et tout le monde.

L'enfant doit-il absolument s'intégrer à notre société? Que lui réserve-t-elle donc de si bon pour que le jeune accepte de passer sa jeunesse à s'y préparer? Quel est le plan écologique que nous réservons à la jeunesse pour l'avenir? Quel est le plan du futur que nous avons prévu pour ces jeunes, une fois qu'ils seront adultes? Quel est ce plan social? Quel est notre but?

Malheureusement, socialement comme bien souvent individuellement, il n'y en a pas. Nous espérons seulement être encore là. Nous n'avons pas, nous les adultes, de plan pour le futur. Nous n'avons rien à donner à ces jeunes qui naissent de plus en plus intelligents, de plus en plus vifs, de plus en plus conscientisables. Pour eux, nous sommes un grave problème. Nous voulons les forcer à s'intégrer dans un monde sans avenir déterminé, sans espoir clair.

Je ne parle pas de ce genre de buts anciens comme se marier, avoir des enfants, avoir un emploi stable, une maison, une reconnaissance sociale, etc. Les enfants teflons n'ont pas besoin de cela. Il ont besoin de raisons intelligentes, et non pas émotives ou théologiques, pour accepter de participer à l'évolution sociale, et cette évolution sociale doit avoir un but... un but intelligent.

Il y a une solution à tous les problèmes.

L'envergure de la problématique ébranle la confiance en l'homme et en l'avenir de plusieurs personnes. À travers les conférences et sessions de formation que j'ai données dans les écoles, entre autres, j'ai constaté que plusieurs personnes se sentaient totalement impuissantes devant la situation.

"*Mais... que pouvons-nous faire?*" est la question qui revient le plus souvent et le plus puissamment. Le problème de l'enfant teflon est comme le problème de la pollution. Il ne peut être résolu qu'à long terme. Mais il peut être résolu quand même. Et comme pour la pollution, c'est socialement que nous pouvons le résoudre. Chacun doit faire sa part individuelle, puis sa part sociale. C'est parce que l'homme ne voit pas le résultat de sa petite action, juxtaposée à celle des autres, qu'il considère trop souvent ses gestes comme n'ayant pas d'efficacité tangible. Mais c'est justement parce que tout ce monde jette une boite de conserve vide dans nos forêts que celles-ci deviennent extrêmement polluées. Un petit geste est toujours le début d'une grande catastrophe ou d'une grande solution. On ne le fait pas parce que d'autres le font. On le fait parce que c'est intelligent de le faire.

Comme pour tous les problèmes auxquels nous avons eu à faire face historiquement, il y a une solution à celui de l'enfant teflon. Mais attention, cette solution n'en n'est pas nécessairement une qui récupérera le jeune à nos traditions et à nos habitudes.

Il y a deux façons d'envisager le problème et la solution. Ou bien nous voulons avoir raison, ne pas trop changer nos habitudes et récupérer les jeunes afin qu'ils vivent harmonieusement avec nous, ou du moins comme nous vivons présentement nos relations entre nous, ou bien chercher un compromis juste et équitable entre notre conscience et la leur, entre nos désirs et les leurs et entre nos besoins et les leurs.

Quoi qu'il en soit, certaines solutions ne seront jamais applicables. Toutes celles qui n'incluent pas le jeune tel qu'il est, sont vouées au néant. Seules les solutions qui acceptent le jeune teflon peuvent aboutir.

Nous sommes les plus mal placés dans cette situation car nous avons plus d'expérience que les jeunes. Notre expérience ne peut à peu près pas leur être utile car ils ne veulent pas de la vie des autres. Ils veulent vivre leurs propres expériences. Elles ne peuvent que nous servir nous, et elles doivent nous servir à comprendre les jeunes teflons et à s'adapter à eux.

Si nous sommes les plus forts, c'est à nous de plier.

Notre rôle en tant que société.

Il est indéniable que la solution, quelle qu'elle soit, doit être une solution sociale. Nous devons tous nous réunir dans ce travail; parents, célibataires, policiers, professionnels, gouvernements, etc.

Notre société doit se pencher un peu plus sur son avenir. Elle doit présenter un but social, une raison intelligente de vivre en son sein. L'enfant teflon, qui ne s'accroche qu'aux raisons intelligentes, ne peut vivre confortablement dans un régime où l'incertitude d'un avenir confortable l'attend. Dans trop de cas déjà, c'est même une certitude qu'il n'a pas d'avenir possible au train où vont les choses.

Notre rôle individuel en tant que membre de la société est de considérer tous les jeunes sur un même niveau social. On ne doit plus considérer davantage ses propres enfants que ceux des autres. On ne doit plus les regarder comme des intrus, mais comme des êtres humains pris avec les mêmes problèmes que nous, bien qu'ayant une vision différente de ceux-ci.

Nous devons nous tenir tous, enfants, adolescents, adultes, afin d'améliorer notre condition. Pour cela nous devons, en tant que société, reconnaître les problématiques suivantes:

a) où doit nous mener notre vie?
b) où doit nous mener la société?
c) à quoi sert la vie?
d) y a-t-il réellement une possibilité de s'en sortir?
e) pourrons-nous un jour comprendre notre

présence dans la vie?

f) Après la mort, qu'y a-t-il?

Ce sont de vieilles questions qui ont toujours angoissé l'homme. Longtemps, les religions, quelles qu'elles soient, y ont répondu à leur façon et lui ont permis de vivre sans trop d'angoisse. Mais il y a toujours eu les petits finfinauds qui reposaient avec plus d'insistance ces mêmes questions.

Nous savons tous que par le passé, l'homme s'est évertué à deux choses en rapport avec la quête de réponses à celles-ci; il a endormi sa conscience (boissons, jeux, drogues, etc) ou il a inventé de nouvelles réponses, ajustées avec sa conscience.

Mais, aujourd'hui, l'enfant teflon, non seulement ne veut pas des réponses traditionnelles, de la religion, de la morale et des objectifs théologiques ou émotifs tout faits, mais il se refuse à inventer de nouvelles réponses.

Je ne parle pas du très jeune enfant teflon, qui de toute façon passera par là tôt ou tard, mais de celui qui refuse déjà d'aller à l'école, de celui qui refuse d'obéir, de celui qui devient sans-coeur, de celui qui exprime une violence gratuite, de celui qui se drogue, boit et se détruit, et de celui qui, tout simplement, se suicide.

Le rôle de la société est de donner des raisons intelligentes à nos jeunes pour qu'ils décident de vivre, de vivre avec nous et de vivre confortablement en accomplissant le travail nécessaire afin d'améliorer notre condition et notre compréhension des choses. Notre société doit permettre l'émancipation, l'évolution et elle doit laisser entrevoir qu'un jour, grâce à elle, nous saurons pourquoi nous sommes là.

Ce que je dis n'est pas facile à faire. Cela peut même

paraître à côté du vrai problème pour plusieurs. Mais si nous observons froidement la psychologie historique et actuelle de l'homme, nous changerons d'idée. Si nous jetons un regard sur l'ensemble des dogmes théologiques et sur la quantité de religions et de sectes, écoles ésotériques et traditionnelles qui existent, si nous observons ceux qui attendent la venue d'extraterrestres ou d'un sauveur quelconque, nous sommes obligés d'accepter l'idée que l'homme est confiné à une peur fondamentale et que la recherche d'une réponse et d'un espoir est essentielle à l'acceptation de sa vie sur la Terre.

Mais, comprenons que pour l'enfant teflon, la majorité, sinon la totalité, de ce qui nous permet psychologiquement de fuir les grandes questions ou d'accepter les réponses déjà existantes, ne colle pas sur lui. Il n'a pas la même structure philosophique que nous parce qu'il ne pense pas comme nous.

Cet état de fait le place dans une situation où le désespoir peut l'engloutir rapidement. N'ayant pas la capacité d'accepter l'éducation seulement au nom du fait qu'elle vient du passé, il demande des raisons logiques, intelligentes, que la majorité des adultes ne peuvent lui donner, parce qu'ils se sont toujours contentés de la tradition et de raisons émotives.

Notre société doit s'efforcer de remettre en question la façon dont nous communiquons le goût de la vie à ces enfants. Vu qu'ils n'ont pas les raisons que nous avons, ils peuvent se balancer éperdument de l'avenir, de leur avenir, donc des conséquences de leurs actes. C'est pourquoi plusieurs, pas tous, deviennent arrogants, violents et même dangereux.

Notre rôle en tant que parent ou professionnel.

Notre rôle est le suivant:

a) accepter l'enfant teflon comme étant une réalité faisant désormais partie de notre monde
b) accepter qu'il pense différemment et que ses priorités ne soient pas les nôtres (l'école par exemple)
c) cesser de vouloir à tout prix qu'il devienne une projection de notre vie (vouloir à tout prix qu'il soit médecin, joueur professionnel de hockey, etc)
d) lui donner le bénéfice du doute
e) travailler avec lui pour comprendre la vie
f) cesser de le considérer problématique ou malade et cesser de vouloir le guérir, c'est-à-dire le rendre comme nous
g) cesser d'exiger de lui qu'il embarque dans notre bateau social et s'arranger plutôt pour qu'il le décide de lui-même
h) le traiter comme un adulte du point de vue des lois et des droits familiaux (lorsqu'un adulte renverse son verre d'eau à la table, on en rit, mais lorsque c'est un jeune, on le punit)
i) cesser de vouloir l'aimer à tout prix, ce qu'il a besoin c'est plus de respect que d'affection
j) le laisser venir lorsqu'il a besoin d'affection

et le laisser partir lorsqu'il est comblé

k) nous devons nous respecter devant lui et le respecter également

l) nous devons être capables de lui tenir tête jusqu'au bout si nous avons des raisons intelligentes à lui opposer

m) nous devons lui apprendre ce qu'est le respect (attention, pour beaucoup trop de gens, le respect veut dire obéissance, c'est une grave erreur) et il doit respecter ce qui l'entoure, les objets comme les personnes

n) nous devons lui donner des raisons intelligentes d'apprendre, d'aller à l'école et de nous aider à supporter la société et à l'améliorer

En résumé, notre rôle est de cesser de lui nuire, de lui donner le goût de vivre et de vivre avec nous et, enfin, de lui donner le goût de prendre la relève.

Pourquoi être un complice?

Voici une bonne question. Le titre de cet ouvrage ne prétend pas faire de l'éducateur un ami du jeune teflon, mais un complice. Dans le dictionnaire, il est écrit qu'un complice est quelqu'un qui manifeste un accord secret avec un autre. On dit aussi que c'est quelqu'un qui prend part au crime, au délit d'un autre. Pour bien des raisons, c'est exactement ce que nous devons devenir, des complices de la génération teflon.

Pour cela, nous devons comprendre un point quelque peu ardu. Notre société est divisée en deux parties: une partie qui refuse le changement, et une autre qui le recherche. La majorité des humains vit les deux cotés à la fois, avec un penchant pour un coté plus qu'un autre.

Dans notre petit coin, nous philosophons de temps en temps et nous arrivons à des points de vue qui ne concordent pas toujours avec ceux de la masse. Le problème c'est que chaque fois qu'une personne se retrouve avec cette masse, elle perd ses opinions et adopte les opinions collectives. L'enfant teflon, seul ou en groupe, conserve ses opinions. Nous devons en faire autant.

Lorsque nous étions jeunes, nous avions souvent les mêmes points de vue que l'enfant teflon d'aujourd'hui. Comme nous l'avons déjà vu dans les autres tomes de cette collection, ce qui différencie l'enfant teflon des autres jeunes c'est sa faculté de ne pas être adaptable. Nous avions souvent les mêmes visions que lui, sauf que nous les avons perdues, nous nous sommes adaptés, pas lui.

La société, quoique pleine de possibilités est encore très limitante. Elle est limitante à cause des individus allergiques au changement qui la constituent. Nous nous sommes souvent révoltés dans notre jeunesse. Pas toujours de grosses révoltes, parce que nous n'avions pas la force psychologique de les faire, mais nous nous sommes révoltés quand même contre beaucoup de choses. Nous les trouvions inutiles, injustes, stupides, etc.

Trop d'adultes parmi nous disent aujourd'hui comprendre que leurs parents avaient finalement raison. Alors que c'est souvent faux. Ces parents avaient tort, mais nous nous sommes habitués à ce tort à un point tel qu'il est devenu raisonnable.

La majorité des méthodes d'éducation sont erronées et une grande partie de ce que nous voulons communiquer au jeune par elles est aussi fausse que les méthodes. Pour devenir complice de l'enfant teflon, nous devons finir par voir le monde selon son point de vue. Pour cela, nous devons revenir un peu en arrière dans notre mémoire et nous rappeler de quelle façon il nous paraissait lorsque nous étions plus jeunes. Bien sûr, nous n'aurons pas exactement la même vision car le monde a bougé depuis. Mais nous devons nous rappeler nos révoltes.

L'enfant teflon, qu'il parle ou qu'il se taise, a souvent raison. Le monde est difficile à aimer. La vie est souvent stupide et absurde.

Il se révolte contre le système. Pas uniquement le système social, mais contre le système de la vie, de Dieu, de l'univers. Il est prêt à foncer, mais pas comme le fait la société. Il devient donc un révolté, un rebelle de la société. C'est là que nous devons devenir complices. Nous devons devenir des rebelles à notre tour. Des alliés de l'enfant teflon. Des alliés qui travaillent dans cette société et nous devons lui servir de contacts, d'espions.

Nous devons l'aider à vivre sa rébellion et nous ne devons plus l'éduquer afin qu'il revienne dans le droit chemin, parce que, bien souvent, c'est lui qui est dedans et pas nous.

Pour beaucoup trop de parents et de professionnels, travailler avec un enfant teflon veut dire le "guérir", c'est-à-dire le ramener dans la normalité. Cela équivaut à le détruire. Il n'est pas malade, il n'est pas fou. Il a raison d'une raison différente de la nôtre. Bien sûr, nous avons aussi raison, d'une raison différente de la sienne et c'est justement pourquoi nous devons travailler ensemble et non plus les uns contre les autres.

Il y a des choses à changer dans la société... changeons-les. Cessons de toujours la défendre avec des prétextes aussi ridicules que "*c'est toujours comme ça que ça s'est fait, je ne vois pas pourquoi ça changerait aujourd'hui, c'est pas toi ou moi qui va changer quelque chose*" etc.

Nous devons cesser d'avoir peur du changement. Plus nous accumulons de choses à changer, plus le changement semble grand et important lorsqu'il survient. Cessons d'être les ennemis du changement, devenons ses complices. De cette façon, nous serons dans les premières loges afin de le contrôler. Car tout changement doit prendre en considération ce qui est déjà là. Si nous refusons celui-ci, il bouleversera quand même nos vies, mais d'une façon plus dérangeante. Les enfants teflons sont les éléments par lesquels ce changement arrive.

Ces enfants ne sont dangereux que parce que nous ne savons pas communiquer dans leur langage. Il y a toujours des jeunes qui seront irrécupérables, mais nous ne devons pas nous laisser arrêter par ceux-là. Un enfant teflon, ce n'est pas un enfant à problèmes, ce n'est pas un génie, c'est un porteur de changement.

Ne plus voir le jeune comme le problème.

Dans la vie nous cherchons toujours une source à nos problèmes. En ce qui concerne la vie familiale, les enfants sont souvent ciblés comme cette source. Il faut changer cette attitude limitative. La véritable source de nos problèmes, c'est la Vie. Ce n'est pas notre emploi, mais la Vie qui nous oblige à travailler. Ce n'est pas notre femme ou notre mari, mais la Vie qui nous oblige à vivre des conditions problématiques. Ce n'est pas la température, ce n'est pas l'automobile en panne, mais la Vie.

Nous vivons dans un monde où les problèmes font partie de la Vie. Que ce soient les jeunes, que ce soient les objets ou les événements, tout peut entraîner des difficultés, petites ou grandes. Mais si nous étions dans un monde parfait, un monde où les automobiles ne tombent pas en panne, où elles ne polluent pas? Si nous étions dans un monde où tout est possible, du voyage dans le temps à la lévitation? Si nous étions dans un monde où la mort n'existe pas, où la faim est absente et où il n'est pas nécessaire de dormir pour être en forme? Si nous étions dans un monde parfait... il n'y aurait pas de problème. Ni les voitures, ni la température... ni les enfants.

Mais nous sommes sur la planète Terre.

La source des problèmes n'est pas l'homme, qu'il soit grand ou petit. **C'est la Vie**. Nous devons transformer notre perception du Problème et ne plus voir l'enfant comme sa source. Il n'est responsable de rien. Il est dans le même monde que nous et lui aussi vit son lot. Il essaie, comme nous, de tirer son épingle du jeu, il veut gagner lui aussi.

Sa vision du monde n'étant pas la nôtre, sa façon de fonctionner est nécessairement différente. Elle n'est pas mauvaise pour cela, elle est seulement différente. Si, en plus, le jeune est teflon, alors la lutte devient encore plus féroce.

S'associer à sa vision du monde

Bien que notre point de vue soit souvent très différent de celui de la jeunesse, il n'en demeure pas moins que lorsque nous étions jeunes, nous avions nous aussi une vision du monde différente de celle des adultes. Nous avons changé notre position en devenant adultes à notre tour.

La vision du monde de l'enfant teflon n'est pas très différente de celle que nous avions, elle est seulement plus arrêtée. Au début, sa vision est souvent celle d'un monde plein d'espoir, plein de possibilités, de jeux, de découvertes, de plaisirs. Puis, graduellement, elle change. Il voit un monde de limitations, de lois, de règles, de faussetés, de frustrations, de mensonges, de souffrances, un monde sans objectifs, sans raisons d'être.

L'enfant teflon est toujours disponible à voir le monde d'une autre façon, mais pas philosophiquement. Il doit découvrir un autre monde, un monde plus vrai, plus ajusté à sa conscience. L'adulte se dit que le jeune n'a qu'à se contenter de ce que la société lui donne. Mais l'enfant teflon ne peut pas s'en satisfaire. Il se drogue, casse tout ou se suicide.

Nous devons comprendre l'enfant que nous étions dans la majorité des cas et nous comprendrons bien mieux l'enfant teflon. Il revendique le vrai. S'il ne le rencontre pas, s'il ne rencontre que faussetés et mensonges, alors il peut jouer ce jeu. Mais il gagnera dans le mensonge, dans la violence, dans l'illusion parce qu'il n'est pas limité psychologiquement comme nous le sommes. Il fera souvent des gestes gratuits, des gestes souvent violents. Il n'en souffre pas car il ne connaît pas la culpabilité.

S'associer à sa vision du monde ne veut pas dire perdre la nôtre. C'est plutôt la retrouver. Nous avons une conception du monde, de la société, qui est celle qui nous a été enseignée. C'est souvent une vision collective, toute faite, à laquelle nous avons peut être ajouté ou retranché quelques éléments, mais qui n'est pas la nôtre pour autant.

La vision du monde de l'enfant teflon en est une qui est plus près de la vérité parce qu'il n'a pas encore eu le temps de l'oublier, de s'habituer au monde, et de transformer ses concepts.

C'est comme lorsqu'une personne fume pour la première fois. Elle s'étouffe normalement et n'aime pas tellement le goût de la nicotine. Son point de vue, sa vision, sera une vision de dégoût, ça n'en sera pas une de plaisir et de satisfaction. Mais, avec le temps, si elle continue à fumer quand même, pour d'autres raisons, comme pour se sentir un véritable adulte, être comme les autres, etc, elle finit par aimer l'effet de la cigarette. Elle s'y est habituée et à cause de cela, elle y trouve maintenant du bon. Sa vision a changé.

Mais, même si elle a changé, la cigarette, elle, n'a pas changé, elle a toujours le même goût dans la bouche du débutant et elle conserve ses effets néfastes. Parce que nous nous sommes habitués à notre monde, nous ne voyons plus aussi clairement son côté néfaste et absurde. L'habitude nous a aveuglé, certains, hélas, diront, assagis...

Donnons des raisons intelligentes de vivre à nos jeunes. Si nous n'en n'avons pas, associons-nous à leur quête et trouvons-en avec eux.

Apprendre pour mieux comprendre.
Comprendre pour améliorer sa vie.

2

LES PARAMÈTRES DE TRAVAIL

Mise en garde

Une mise en garde est nécessaire avant d'entreprendre le chemin qui nous mènera vers l'enfant teflon. Nous devons nous rappeler que tous les enfants teflons ne le sont pas de la même façon. Certains sont plus sans-coeur que d'autres, il y en a qui ne sont teflons que par leur intelligence, tandis que d'autres, causent des problèmes partout où ils vont. Certains sont affectueux mais ne sont pas punissables. Il y en a qui sont gentils, adorables, et qui n'ont absolument pas le goût de poursuivre leurs études scolaires. Un enfant teflon n'est pas un moule dans lequel tous les autres teflons sont passés.

Comme dans toute définition d'un syndrome, certaines personnes y cadrent plus que d'autres. Un enfant peut avoir un seul des symptômes reliés à l'enfant teflon. Il peut néanmoins être difficile de vivre avec lui. Un jeune peut aussi avoir plusieurs des symptômes teflons, mais parce qu'il a appris à s'ajuster, il ne sera pas un enfant à problèmes.

En plus de bien apprendre à discerner les symptômes de l'enfant teflon que peut avoir celui avec lequel nous vivons ou travaillons, il faut être prêt à se poser les mêmes questions que lui sur notre monde et notre façon d'y vivre.

La suite de ce volume, dans la majorité des cas, va ébranler plusieurs personnes. Il y a plusieurs parents ou professionnels qui sont déjà au fait du neuf, du changement, mais pour beaucoup d'autres les visions neuves des choses simples et normales peuvent les toucher solidement.

L'une des premières défenses de la psychologie humaine en face du neuf est le rejet pur et simple avec des arguments comme "c'est complètement fou", "qu'est-ce que c'est que cette explication de ...? Nous savons tous ce qu'est ...", etc. Plusieurs parents et professionnels, pour refuser le neuf, peuvent aussi tout simplement décider que le jeune avec qui ils vivent n'est plus teflon, ou pas teflon comme ça. Ces mécanismes sont dangereux car ils poussent le pédagogue à refuser la réalité de l'enfant nouveau, l'enfant teflon, et ils les empêchent de travailler convenablement avec ces jeunes.

Si l'enfant teflon paraît sans-coeur, s'il ne s'ennuie pas en l'absence de ceux qu'il est supposé aimer, s'il est indifférent aux malheurs des autres, s'il n'est pas culpabilisable, c'est parce qu'il aime d'une autre façon. Refuser cela c'est refuser l'enfant. Le refus de voir quelque chose de neuf sur la Terre pousse l'adulte à vouloir "guérir" l'enfant. S'il ne parvient pas à accepter le jeune comme étant nouveau, il le traitera comme un malade.

Êtes-vous prêt pour le neuf?

Êtes-vous prêt à entrer dans le monde de l'enfant teflon?

Poursuivez alors la lecture,

Sinon jetez ce livre à la poubelle.

Le test de Kemp.

Il existe un test de psychométrie qui facilite grandement le travail avec des jeunes au caractère teflon et ce test peut être utilisé avec ce volume. Il n'est pas nécessaire de faire évaluer son jeune ou sa jeune pour travailler avec lui ou elle et pour devenir complice de sa vie. Néanmoins, pour les personnes qui ont plusieurs enfants et adolescents à éduquer et à instruire, il est préférable d'utiliser le test de Kemp pour en faire l'évaluation.

Comme un jeune ne présente que rarement tous les symptômes de l'enfant teflon, il est utile de savoir quels sont ses côtés anciens ou normaux et ses côtés teflons ou nouveaux. On doit travailler uniquement sur les parties teflons du jeune avec les méthodes conçues pour ce genre d'enfants. Les parties qui sont reconnues comme "normales" seront éduquées selon les méthodes conventionnelles.

Les facteurs déterminant qu'un enfant est teflon ou non sont les suivants:

Facteurs de base toujours présents chez un jeune teflon:

- l'**intelligence**
- la **non-culpabilité**
- la **puissance psychologique**
- la **précocité dans son développement**

Facteurs pouvant être présents chez le même jeune:

- la manipulation
- l'insensibilité aux punitions
- le refus de l'autorité des autres
- l'indifférence
- l'agressivité
- l'hyperexpressivité

- la solitude
- l'égoïsme
- l'absence de souffrance d'aimer
- l'impolitesse
- le refus de penser
- la recherche du contact avec les adultes
- le refus d'aller à l'école
- la simulation de la stupidité
- le goût d'apprendre
- le plaisir des jeux de mots subtils
- la violence
- l'écoeurement
- le refus de s'intégrer
- le refus de vieillir

L'intelligence.

L'enfant nouveau est toujours un jeune très intelligent. Il est plus intelligent que la masse, donc que la normale. Mais cette intelligence ne se mesure pas avec les tests conventionnels. Elle se mesure encore moins à partir des résultats scolaires. L'intelligence se partage en deux expressions: l'intellectuence et l'intelligence véritable.

L'intellectuence est la faculté qu'a l'homme de se servir de sa mémoire lorsque c'est nécessaire, en faisant des associations logiques qui lui permettent de rendre efficace son expérience en face d'un problème neuf.

L'intelligence est la faculté qu'a l'homme de savoir une chose sans avoir eu à l'apprendre.

Bien sûr, nous pouvons donner la définition que nous voulons à des mots, mais si nous nous fions au langage populaire nous constatons que:

"Je sais la mécanique", ne se dit pas alors que
"je connais la mécanique" se dit.

"Je sais la ville" ne se dit pas alors que
"je connais la ville" se dit.

"Je sais ce personnage" ne se dit pas alors que
"je connais ce personnage" se dit.

Nous constatons aussi que:

"Je connais que je vis" ne se dit pas alors que
"je sais que je vis" se dit.

"Je connais que j'ai raison" ne se dit pas alors que
"je sais que j'ai raison" se dit.

Couramment, nous ne faisons pas de différence entre l'intelligence amenée par l'expérience, la connaissance et l'intelligence instantanée, que nous considérons provenir aussi de l'expérience.

Il existe néanmoins deux formes d'intelligence; l'une provient de la mémoire, de l'association des mémoires, des expériences, et l'autre échappe à cette obligation d'apprentissage pour savoir une chose. C'est là la véritable intelligence. L'autre est l'intellectuence.

Plusieurs personnes protestent énergiquement lorsque j'explique cela en conférence. Mais si nous ne voulons pas considérer la possibilité qu'une intelligence instantanée puisse être exprimée par l'homme, nous risquons de fermer plusieurs portes sur des phénomènes neufs que nous ne pourrons jamais expliquer avec les connaissances traditionnelles.

L'enfant teflon, l'enfant nouveau, est intelligent de cette intelligence qui lui permet de savoir une chose sans l'avoir expérimentée. Il sait lorsque c'est nécessaire qu'il le sache ce qu'il a besoin de savoir. Ce phénomène se retrouve chez presque tous les humains, mais il est habituellement renié en faveur de l'intellectuence.

Les parents d'enfants nouveaux se posent souvent la question fatidique; "***où a-t-il pris ça?***" Les adultes considèrent toujours que le jeune doit avoir pris ça quelque part, à la télévision, de la bouche de quelqu'un d'autre, etc. Ils refusent totalement, inconsciemment et involontairement, l'intelligence instantanée de l'enfant. J'ai rencontré plusieurs parents très inquiets de ce phénomène, parce que leurs enfants leur faisaient peur.

"*Il pose des questions que je ne me pose même pas*", "*il amène des réponses et des réflexions que la majorité des adultes que je connais ne pourraient même pas faire*", "*il a une imagination sans borne et souvent, ce qu'il imagine, est vrai*", "*on dirait que l'on ne peut rien lui cacher, qu'elle sait toujours ce qui se passe chez nous, ce qui nous fait plier, notre humeur, même quand nous essayons de les lui cacher*".

Il faut travailler avec des parents d'enfants teflons et des jeunes pour comprendre la véracité de ce que j'amène; il existe une intelligence active, non associée à la mémoire associative comme l'est l'intellectuence.

J'ai constaté que chez plusieurs enfants teflons, cette intelligence ne s'exprimait que sous une pulsion d'instantanéité. L'enfant teflon ne parvient pas à la commander. Il ne sait pas comment s'en servir lorsqu'il faut passer un examen ou lorsqu'il est stressé psychologiquement. Habituellement, il parvient à l'exprimer lorsqu'il est relativement maître de la situation.

Il l'exprime plus facilement dans une discussion plaisante avec un adulte ou un autre jeune teflon. C'est cette intelligence qui lui fera voir le monde sous un angle qui échappe à peu près toujours à ceux qui ne fonctionnent qu'avec la mémoire, c'est-à-dire, l'habitude, la tradition, l'expérience, l'intellect. L'enfant teflon, intelligent d'une intelligence qui constate, mais qui ne colore pas ce qui est perçu, ne peut à peu près pas vivre dans la contradiction. Il ne peut vivre dans un monde d'illogismes, de stupidité et d'inconscience.

Cette intelligence est importante à prendre en considération car elle détermine tous les facteurs qui font qu'un enfant est teflon. Son amour en est coloré, il aime d'un amour nouveau, pas aussi plaisant spirituellement que nous aurions pu le souhaiter. Elle détermine sa façon de vivre et même de mourir. Elle induit une vision du monde plus proche de la réalité cartésienne, logique, que spirituelle ou émotive.

L'intelligence se constate surtout:

a) chez l'enfant qui a un développement précoce
b) chez l'enfant qui fait de solides et subtils jeux de mots (farces)
c) chez l'enfant qui s'intéresse à tout ce qui est neuf et surtout à ce qui se rapporte à la science informatique (ordinateur, robotique, domaine spatial, etc)
d) chez l'enfant qui a le besoin de discuter avec les adultes, comme un adulte
f) chez l'enfant qui refuse certaines choses

et qui a des raisons à donner pour ce refus (le refus de l'école en bas âge, le refus de servir les adultes, etc)

g) chez l'enfant qui a des réflexions "avant son âge"

Il n'est pas du ressort de ce livre de démontrer l'intelligence active. Mais, pour comprendre le développement psychologique d'un enfant teflon, il nous faut absolument entrevoir que quelque chose de neuf s'exprime chez lui, ou quelque chose de vieux mais qui s'exprime plus puissamment que par le passé.

Nous ne pouvons pas évaluer encore cette intelligence à partir de test. Le test de Kemp permet d'évaluer l'enfant et d'établir s'il vit cette intelligence ou non et non d'évaluer le degré de cette intelligence. Si l'enfant exprime celle-ci, c'est nécessairement un enfant teflon. Je rappelle qu'il n'est pas automatiquement un enfant à problèmes, tout dépend du milieu.

La non-culpabilité.

L'enfant teflon ne souffre pas autant de la culpabilité que l'enfant normal. La culpabilité est la faculté qu'a une psychologie de se sentir coupable d'un geste, d'un événement et même d'une pensée. Plusieurs personnes se sentent coupables toute leur vie de ce qu'elles font, de ce qu'elles ne font pas et même de ce qui se passe chez autrui. Elles se sentent coupables des malheurs des autres, des peines de leur famille, des souffrances de leur voisin, etc.

La culpabilité part du principe que l'homme a un libre arbitre. Si l'homme était totalement manipulé, il ne devrait pas se sentir coupable d'avoir fait une chose qu'il ne pouvait s'empêcher de faire. Par contre, s'il a un libre arbitre, si c'est lui qui décide de ses actions, il peut faire des erreurs et il se sent coupable par la suite si celles-ci entraînent des événements qu'il ne désirait pas.

La vision de l'enfant teflon ne lui permet cependant pas de considérer la culpabilité de la même façon que la masse des gens. L'enfant teflon, inconsciemment au début, pas pour longtemps, ne se considère pas responsable de ce qu'il ne peut contrôler. Il considère que les autres personnes avec qui il vit sont, à la base, tout aussi capables de manipuler l'événement que lui et qu'ils sont les maîtres contrôleurs de leurs conditions internes, psychologiques et émotives.

L'enfant ne voit pas l'événement et son action comme nous avons été éduqués à le voir. Il considère (souvent inconsciemment) qu'il n'est pas celui qui cause:

> les malheurs chez autrui (si son père veut du soleil et qu'il pleut, il est malheureux. L'enfant teflon considère que la pluie ne peut être tenue responsable du malheur de son père. Elle ne devrait pas se sentir coupable. S'il fait quelque chose et que son père en est malheureux, c'est la même chose. Il ne considère pas qu'il rend son père malheureux, mais plutôt que ce dernier se rend malheureux lui-même par excès d'orgueil, par tentative

de manipulation sur l'entourage, par faiblesse de sa part ou par programmation.)
les querelles familiales (même si la dispute le concerne, c'est encore une fois aux autres de se prendre en mains et de s'arranger pour que leur perception de l'extérieur soit plus belle et moins problématique)
les accidents (il fait comme il peut. S'il avait su qu'un geste particulier de sa part causerait un accident, il ne l'aurait pas fait. Vu qu'il ne le savait pas, il ne considère pas que c'est de sa faute. Il fait ce qu'il peut et il ne peut faire plus. Si cela cause des problèmes, c'est la faute de la vie, du créateur qui ne l'a pas fait parfait, de ses parents... une chose est certaine, il ne se considère pas comme le coupable.)
les souffrances émotives et psychologiques des autres (sa mère qui souffre parce qu'il a abandonné ses études à l'école, parce qu'il prend de la drogue, parce qu'il se tient avec des amis non-recommandables, parce qu'il est impoli avec les voisins, parce qu'il ne fait pas le ménage de sa chambre, parce qu'il ne donne pas un coup de main aux travaux de la maison. L'enfant teflon considère que c'est de la faute de ceux qui souffrent s'ils souffrent, pas de la sienne. Ce qu'il fait ne regarde que lui. C'est parce que l'entourage aimerait diriger sa vie et que lui ne se laisse pas faire qu'ils souffrent tous. Tant pis pour eux. C'est sa vie, sa

chambre, ses amis, son corps... ça ne regarde pas les autres. Si ceux-ci souffrent de cela, c'est de leur affaire. Il ne peut considérer qu'un humain doive se changer du tout au tout uniquement parce que les autres sont trop faibles ou bizarrement constitués.)

Il faut comprendre que la culpabilité n'est pas un facteur génétique et que l'humain ne se sent coupable que parce que l'éducation le lui enseigne. C'est d'ailleurs l'une des grandes clefs de l'éducation; faire en sorte que l'enfant se sente coupable permet de le manipuler à notre façon. Hélas, la culpabilité ne développe jamais l'intelligence. Vu que l'enfant teflon est intelligent, il devient réfractaire à la culpabilité, ce qui le rend presque inéducable par les systèmes conventionnels basés là-dessus.

Étant donné que le premier facteur qui détermine ce qu'est un enfant teflon est son intelligence moins émotive et moins tributaire des mémoires, il devient nécessairement teflon à la culpabilité. Il perçoit le monde comme une vaste mécanique dans laquelle il doit tirer son épingle du jeu, comme tout le monde. Le plus fort doit l'emporter et son développement ainsi qu'une grande partie du plaisir de vivre lui vient justement de là; le défi de contrôler.

Sa psychologie est bâtie par l'éducation et l'instruction amenées par le milieu et constituées de ce que les autres lui disent ainsi que par les événements. Mais elle l'est surtout par l'interprétation qu'il fait de cette éducation et des événements. Son interprétation, sous l'égide de son intelligence, fait en sorte que sa psychologie n'est pas comme celle de la majorité. Son intelligence étant différente, l'interprétation du milieu l'est aussi.

Pour lui, le libre arbitre n'est pas aussi évident que pour la majorité des humains. Il n'est pas convaincu, bien qu'il le voudrait, qu'il est la cause première de ses gestes et de ses pensées. Ce n'est pas toujours conscient chez le jeune teflon, surtout s'il est âgé de 12 ans ou moins. Plusieurs adolescents confirment souvent ce que je dis en répondant à la question "pourquoi as-tu fait cela?" par la réponse "je ne sais pas, c'était plus fort que moi".

Plusieurs jeunes violents savent qu'ils ne devraient pas agir comme ils le font. Ils prétendent qu'ils ne peuvent s'en empêcher. Les adultes considèrent alors qu'ils ne veulent pas réellement changer et qu'il est facile de donner ce genre de réponses. S'ils avaient un peu plus de volonté...

Étudions un peu ce qu'est la volonté, nous comprendrons mieux ce que ces jeunes veulent nous dire et pourquoi, au lieu de la culpabilité, va s'instaurer l'écoeurement, puis l'écoeurement d'être écoeuré.

La volonté passe pour être une qualité de l'homme. C'est, selon le dictionnaire, la faculté de se déterminer à certains actes et de les accomplir. Cette définition est pleine de sens, mais je n'ai alors jamais rencontré d'hommes, de femmes ou d'enfants qui en avaient. Personne n'a de véritable volonté, du moins celle qui est définie dans le dictionnaire!

Demandez à un paresseux de travailler, il ne pourra pas. Alors on renchérit en lui disant d'avoir plus de volonté. Demandez à une personne superactive, qui travaille sans arrêt, de passer quelques mois à ne rien faire, comme le paresseux. Elle ne pourra pas. On peut là aussi renchérir en lui disant d'avoir plus de volonté. Nous constatons que le paresseux a beaucoup plus de volonté que le travailleur car il est capable de faire ce que l'autre ne peut faire. Et vice et versa. Le travailleur a plus de volonté que le paresseux car il peut, lui aussi, exécuter quelque chose que l'autre est incapable de faire.

Le paresseux dira au travailleur d'avoir de la volonté s'il veut arrêter de travailler. Le travailleur dira la même chose au paresseux pour qu'il se mette à travailler. La volonté puissante du paresseux est de ne rien faire. La volonté puissante du travailleur est de travailler. Les deux ont de la volonté mais canalisée de façon différente.

Nous ne pouvons pas nous servir de l'argument "*essaie donc d'avoir plus de volonté*" pour aider une personne à changer. La volonté est un concept inapplicable chez l'humain. Elle est une vision fictive de sa puissance. C'est l'une des expressions de son orgueil.

L'enfant teflon essaie lui aussi d'avoir cette volonté de faire comme les autres. Mais il n'est pas bâti pour ça. Il devient allergique psychologiquement à plusieurs conditions de vie, d'éducation et d'instruction. Il observe graduellement l'impossibilité pour lui, comme pour les autres, de changer rapidement sous l'effet de cette "volonté". Il a beau vouloir, la majorité de ce qu'il désire faire, accomplir ou être, lui échappe. C'est un peu parce qu'il n'est pas seul dans la maison, à l'école, sur la Terre. C'est parce que ses parents ne sont pas assez riches. C'est parce qu'il est assujetti et dépendant de ces dits parents et de leur infortune. C'est finalement parce qu'il vit dans un monde où la liberté de tout le monde s'arrête là où la sienne commence. Et tout ce monde ne veut rien savoir de cela.

Finalement, il en déduit, consciemment ou non, que l'une des lois de la psychologie et de la spiritualité est fausse ou inapplicable dans le contexte actuel: l'homme n'a pas de libre arbitre et la volonté de changer les choses est une farce, une carotte pour faire avancer l'âne, et qui ne sert à rien d'autre qu'à camoufler la réalité et à passer le temps.

Quand un jeune nous dit qu'il est écoeuré, il nous communique qu'il a tout tenté ce qu'il pouvait pour changer, lui ou les choses, et qu'il sait maintenant qu'il n'a pas cette capacité. L'un des problèmes en thérapie avec un jeune teflon, c'est d'essayer de lui remonter le moral avec les théories positivistes et spirituelles à la mode. Il a déjà expérimenté tout ça. Il attend autre chose.

Étant donné qu'il ne croit pas qu'il ait une quelconque influence sur les événements, sur les choses et sur les gens, il en conclut progressivement qu'il est manipulé, réactionnel. Il a une conscience pour constater ce fait, mais pas pour intervenir. Il sait qu'il vit la colère, le stress, la jalousie, la peur, la joie, mais ces humeurs lui échappent. Ce n'est pas lui qui décide quel état psychologique il a ou il aura. Il sait que tous les humains sont dans son cas.

Tant qu'il n'est pas rendu à l'écoeurement de l'écoeurement, il continue à vivre, mais percevant qu'il n'est pas le Maître Contrôleur à bord de son corps, il se détache de plus en plus de la culpabilité. Il accepte finalement qu'il est manipulé par les événements, par son éducation, par la façon dont est constitué son corps physique, par...

Il sait qu'il n'est pas responsable de l'événement qu'il devient, alors il n'en souffre plus. Il ne vit plus la culpabilité et se désassujettit donc d'une grande part du monde familial et pédagogique actuel, hautement basé sur la faculté qu'a l'humain de se sentir coupable.

Observant les autres, il sait qu'ils ne contrôlent pas leur entourage, les choses, les événements, ni même leur vie. Il sait ce qui est bien ou mal, écologique et inécologique, mais il ne parvient pas à en contrôler l'expression. Il sait que tous ceux qui l'entourent sont comme lui, sauf en ce qui concerne la conscientisation du phénomène. Il voit sa mère, son père, sa famille, les voisins, la télévision, les films, et il voit des hommes, des femmes et des enfants souffrir parce qu'ils ne comprennent pas ce qui les a poussés à faire telle ou telle action. Il voit les autres se culpabiliser alors qu'ils ne pouvaient vraisemblablement pas faire autrement.

Il a vu le voisin souffrir parce que son jeune fils est mort des suites d'un accident, en face de la maison. Son père lui avait acheté un ballon pour son anniversaire. Mais l'enfant, courant après, a surgi dans la rue entre deux voitures stationnées et s'est fait frapper par un camion. Depuis ce temps, le voisin dit à qui veut l'entendre que c'est de sa faute, que s'il n'avait pas acheté ce maudit ballon, son fils vivrait toujours.

Mais l'enfant teflon sait que son fils vivrait toujours pour demander à son père de lui acheter un ballon. Si le père avait su... Justement, il ne savait pas. La conscience du jeune teflon lui amène une vision plus claire de la réalité. Il voit des gens se maudire eux-mêmes, se haïr intérieurement, se culpabiliser pour des événements, des mots et des gestes qui leur ont échappé. "Nous sommes faits comme cela" se dit l'enfant teflon, "ce n'est pas de notre faute, pourquoi se sentir coupables?"

Bien que l'enfant teflon ne se sente pas coupable, du moins pas aussi profondément et aussi souvent que nous, il est éducable. Il faut cependant changer notre mentalité pédagogique. Une personne qui n'a pas de remords, qui ne se sent pas coupable psychologiquement de ce qu'elle fait, peut, si elle est suffisamment intelligente, comprendre la logique de la non-répétition de ses actes. Elle peut voir l'intelligence d'agir d'une telle manière et non d'une telle autre.

La culpabilité n'est pas essentielle à l'éducation. Elle peut être agréablement remplacée par l'intelligence. L'enfant teflon a cette intelligence. Par contre, là ou nous punissions, là où nous disputions, là où nous réprimandions, nous devrons maintenant donner des raisons intelligentes.

Nous avons parlé suffisamment de ce sujet, les raisons intelligentes, dans le tome 2 de cette série, ***SAVOIR ÉDUQUER L'ENFANT TEFLON***" pour ne pas revenir là-dessus. Mais retenons ce fait capital:

Si nous ne pouvons plus éduquer par la culpabilisation, nous le pouvons par l'intelligenciation (trouver des raisons intelligentes).

La puissance psychologique

Vu que l'enfant teflon, l'enfant nouveau, est intelligent d'une intelligence qui n'attend pas après l'éducation pour former la conscience du jeune et qu'il est difficilement culpabilisable, il devient nécessairement difficile de le manipuler. Si nous observons les adultes dans leur travail d'éducation, nous constatons que la grande partie de celui-ci est de la manipulation.

Toute relation entre les humains et eux-mêmes ainsi qu'entre eux et l'univers qui les entoure n'est qu'une inter-manipulation. Mais on ne peut manipuler une chose ou une psychologie au-delà de ses possibilités à être manipulée. La conscience de l'enfant teflon découvre rapidement ce facteur qu'est la manipulation dans ses relations avec l'extérieur. Il conscientise qu'il est lui-même totalement manipulé, du moins dans une grande partie de sa conscience, mais il réalise aussi que les autres, tous aussi manipulés que lui, ne le savent pas.

Il conclut à leur faiblesse de conscience, quand il ne les considère pas tout simplement arriérés. Il s'écoeure rapidement d'être limité et de ne pouvoir à peu près jamais accomplir ce qu'il veut. Il essaie de gagner là où c'est le plus facile; face aux autres.

Il veut résister à ce qui se passe chez lui et qu'il ne contrôle pas. Il ne comprend pas nécessairement ce qu'il vit mais il ferme les premières portes à la manipulation provenant de l'extérieur, surtout si elle provient de d'autres humains. Travaillant à développer sa force de résistance aux manipulations intérieures, il devient de plus en plus difficile à manipuler de l'extérieur.

Sa force psychologique de résistance aux idées et aux ordres des autres grandit et il devient de plus en plus imperméable à l'éducation, quelle que soit sa forme.

Il apprend à dire NON rapidement car il découvre que c'est le mot par excellence pour contrôler l'extérieur. Il doit apprendre aussi à dire OUI, mais cela prend plus de temps. Pour se libérer de la conscience des autres, de la conscience collective qui l'empêche d'être lui, il doit au préalable apprendre à dire NON.

Plusieurs enfants normaux apprennent aussi à dire ce mot. Mais chez l'enfant teflon, la puissance psychologique est telle qu'il est capable de supporter ce NON bien au-delà des possibilités qu'ont les adultes de le faire changer d'avis. Il est plus solide psychologiquement que les autres. On ne peut le faire plier sous la force psychologique; menace, promesse, peur, punition, chantage.

Il est capable de soutenir le regard des autres avec une puissance calme qui irrite souvent les "cibles". Il ne change pas d'avis facilement et refuse souvent les discussions qui ont pour but ce changement. Il reste accessible aux discussions intelligentes, surtout avec des adultes qu'il respecte et qui sont complices de sa pensée.

La précocité de son développement.

L'enfant teflon se développe très rapidement. Un peu plus vite que la normale et cela, surtout du point de vue psychologique. Le physique gagne aussi en vitesse les autres enfants mais pas dans le développement des membres ou du reste du corps. Il y a précocité dans le développement du cerveau et du système endocrinien, en ce sens que, du point de vue neuronique, la maturité se fait plus rapidement. L'enfant teflon vit son adolescence psychologique entre trois et neuf ans. Physiquement, en ce qui concerne la puberté, il suit les normes habituelles.

Il devient vite un adolescent dans un corps d'enfant, un adulte dans un corps d'adolescent.

Ces quatre éléments doivent toujours être présents chez un enfant pour qu'il soit considéré comme teflon. Si un seul des quatre éléments manque, l'enfant doit être considéré comme normal. Il peut devenir teflon à la longue, cela se voit quelquefois, mais on ne doit pas considérer le fait comme accompli.

Parmi les symptômes relatifs, ceux qui peuvent être

présents chez un jeune teflon, nous en retrouvons qui sont fastes et d'autres qui sont néfastes.

La manipulation.

Nous avons vu dans les volumes précédents que la manipulation n'était que l'expression d'une intelligence puissante. Elle n'est pas nécessairement écologique et plaisante, mais elle fait partie des jeux de l'enfant teflon. Le jeune se développe par la manipulation. Au début, comme les enfants normaux, il joue (manipule) avec ses membres, découvre son corps. Puis, graduellement, il étend son expression de manipulation vers les objets immédiatement accessibles. Il finit par contrôler son monde immédiat, dans lequel les parents se retrouvent souvent inclus.

Chez l'enfant teflon, le besoin de développer son intelligence le pousse à contrôler. Pour lui, contrôler, c'est comme gagner à un jeu où l'intelligence est nécessaire. L'homme a toujours aimé les jeux de guerres, de stratégies, (les échecs sont un jeu de guerre et de stratégie), et il étend souvent ce besoin à la vraie vie. Il aime faire la guerre, non pour tuer ou détruire (quelques-uns peut-être!) mais parce que cela l'oblige à un travail mental qui mène au contrôle.

L'enfant teflon étend lui aussi son jeu à la vraie vie. Il manipule l'entourage rapidement et fait tout pour devenir le Maître. Il arrive rapidement à connaître toutes les possibilités de manipulations que recèle son entourage familial et scolaire. Il se lance donc dans la manipulation de l'événement, bien souvent exprimée par le vol, la violence, la désobéissance, etc.

Cela fait partie du développement de l'intelligence. Attention, il faut bien comprendre ici: Le vol ne développe pas l'intelligence par lui-même et il n'est pas nécessairement intelligent de voler. C'est le travail mental nécessaire pour commettre le vol qui développe l'intelligence. Il est évident que nous devons trouver d'autres activités, plus écologiques socialement, qui permettent ce même développement. Et il faudra, par la suite, canaliser l'enfant teflon vers elles.

L'insensibilité aux punitions.

La plupart des enfants teflons sont réfractaires au système de punitions. Ils ne conçoivent pas l'utilité d'une telle pratique sur eux. S'ils ont compris, ils ont compris, ils n'ont pas besoin de punitions. S'ils ne comprennent pas, ils ne comprennent pas, ils n'ont pas besoin de punitions.

Chez l'enfant ancien, celui qui s'adapte au cadre traditionnel, la punition est très efficace parce qu'il est très émotif. Il ne fera plus une chose, pas nécessairement parce qu'il a compris pourquoi, mais uniquement pour ne plus être puni. L'enfant teflon, au contraire, se révolte contre ceux qui veulent le punir. S'il comprend, s'il est d'accord, alors il agit comme nous le voudrions. Pour lui, il n'a pas à obéir sous la menace de représailles. Pour lui, être puni parce qu'il n'obéit pas aux autres est digne de mention devant des organismes comme *Amnistie Internationale*. Il a droit à sa liberté de pensée, de parole et d'action.

Nous ne devons donc pas punir un enfant teflon qui semble allergique à ce système dit d'éducation.

Le refus de l'autorité des autres.

Devoir obéir nécessite, pour l'enfant teflon, qu'il abdique sa propre conscience, sa propre intelligence ainsi que le peu de liberté qu'il a. Plus un être est intelligent, plus il tend à dominer les autres en imposant sa pensée. C'est ce qui, historiquement, nous a conduit à développer des sociétés modernes. L'obéissance est toujours limitatrice dans la croissance de l'intelligence. Il y a une seule exception à cela; l'accord de celui qui doit obéir.

Si nous avons une entente avec le jeune au sujet de l'obéissance, il obéira. Certaines conditions sont quand même essentielles, il doit nous respecter et nous devons être complices de sa pensée.

Un enfant teflon qui refuse l'autorité des autres fera peut-être un premier ministre ou un patron d'entreprise, à la condition qu'il soit bien guidé et qu'il ne soit pas en constante lutte pour sa liberté d'être. Si nous voulons qu'un enfant teflon obéisse, tout le monde doit obéir aux mêmes règles, nous y compris.

L'indifférence.

Le fait qu'un enfant teflon puisse ne pas se sentir coupable de ses actions fait de lui un être beaucoup plus imperméable à tout ce qui l'entoure. Il n'a pas nécessairement besoin d'autrui pour se sentir à l'aise, ce qui le rend solitaire, et il est rarement compatissant.

La culpabilité est souvent la source de la compassion. Plusieurs personnes se sentent touchées par les malheurs des autres parce que, inconsciemment, elles ne s'autorisent pas à être mieux, elles se sentent coupables de ne pas souffrir. Nous retrouvons, d'une façon très prononcée, ce mécanisme chez les survivants d'un écrasement d'avion, par exemple. Les survivants se sentent souvent coupables d'avoir survécu à l'écrasement alors que les autres passagers sont tous morts.

Comme l'enfant teflon ne souffre pas de culpabilité, il sera souvent indifférent aux malheurs des autres. Il n'est pas sans-coeur pour cela, mais sa vision du monde, des causes et des effets, font de lui un être indifférent émotivement. S'il a une raison d'intervenir, il interviendra.

L'agressivité.

L'enfant teflon est rarement agressif. C'est plutôt nous qui appelons "agressivité" sa façon de vivre et de s'exprimer. Certains d'entre eux, hélas, sont véritablement agressifs car ils ont développé cette forme d'expression au détriment de d'autres.

L'agressivité véritable, la violence, la manipulation qui fait mal émotivement et psychologiquement, apparaît chez un jeune teflon qui s'est toujours vu interdire la parole. Elle apparaît chez le jeune teflon à qui on a interdit d'avoir raison.

Progressivement, le jeune, voulant s'exprimer coûte

que coûte, finit par adopter les pratiques des adultes; il élèvera la voix, il criera et, peut-être que finalement, il deviendra violent physiquement.

L'hyperexpressivité.

Cette mécanique amplement étudiée dans les tomes précédents, est nouvelle et ne s'adresse en général qu'à l'enfant teflon. Elle ressemble à l'hyperactivité, mais n'est pas pathologique. Un enfant teflon hyperexpressif est un jeune dont l'intelligence manque complètement de possibilité d'expression.

Un stress mental apparaît alors et l'enfant devient hyperactif. Il bouge constamment, pose des questions, fait de "mauvais coups", brise des objets, manipule les autres, etc. Si nous trouvons ce qu'il a besoin dans l'immédiat afin d'écouler le surplus d'énergie qui le hante, il devient aussitôt calme. Il a besoin d'un exutoire à son développement.

L'enfant ancien qui est hyperactif a un problème physique, souvent endocrinien, et il n'est pas calmable par un exutoire physique ou intellectuel.

Il est naturel qu'un jeune teflon soit hyperexpressif. On ne doit jamais tenter de le guérir car il n'est pas malade. Il se développe seulement, et hélas, cette maturation est souvent plus rapide que l'évolution du cadre dans lequel il vit. Les médicaments sont à proscrire totalement.

L'enfant teflon est poussé par l'intérieur (c'est inhérent à sa constitution) à connaître, à comprendre, à cerner, à contrôler. C'est pour cela que son activité cérébrale est continuellement à la recherche d'expression. Si le cadre dans lequel il est placé est satisfaisant, il n'est pas hyperexpressif. Si ce cadre n'est pas à la hauteur, alors il y a problème.

L'évolution de l'hyperexpressivité, lorsqu'elle est mal contrôlée par les pédagogues, est souvent malsaine au développement des relations sociales qui s'établiront dans l'avenir entre le jeune et l'extérieur. Plus un jeune est hyperexpressif, plus il risque de devenir un problème social. N'ayant pas le cadre pour sevrer son besoin de contrôler, il devient progressivement agressif, voleur, violent, etc.

Comme nous l'avons vu plus haut, le besoin de contrôler est un facteur dominant le développement de l'intelligence, donc de l'enfant teflon. La manipulation est l'une de ses expressions et de ses écoles. Si l'enfant n'a pas le cadre pour exprimer et nourrir sa maturation, il déviera vers ce qui reste, vers ce qui est disponible. Trop souvent, c'est le cadre social qui le récupère et celui-ci n'est absolument pas préparé à éduquer une personne.

Plus la famille de l'enfant teflon hyperexpressif est pauvre, plus le problème est apparent et souvent grave. Premièrement, n'ayant pas le cadre matériel pour se développer, l'hyperexpressivité apparaît. Deuxièmement, pour compenser ce manque de matières, les parents ont tendance à donner de l'affection, de l'amour, au jeune. Cette tendance de compenser la matière par de l'amour étouffe souvent l'enfant qui a besoin de solitude et d'espace vital. Il peut devenir allergique psychologiquement à ses parents qu'il considérera comme collants ou têteux. Il les classera dans un tiroir libellé "**à éviter**".

Par contre, plus la famille est à l'aise financièrement, moins ces problèmes sont rencontrés. Normalement, les parents n'ont pas le temps de s'occuper de leur jeune (ils travaillent souvent les deux), et il compense ce manque de temps et d'amour, par de la matière. N'étant pas étouffé et ayant la possibilité d'évoluer à l'intérieur du cadre dont il a besoin (bicyclette, ordinateur, etc), le jeune n'a pas ce problème d'hyperexpressivité.

La solitude.

La solitude se définit comme étant l'état d'une personne seule, retirée du monde, un état solitaire. L'enfant teflon, vu la rapidité avec laquelle il se développe psychologiquement, est souvent porté à rester seul. Il trouve ainsi la vie plus intéressante car, de cette façon, il n'est pas en continuelle activité pour expliquer aux autres ses idées ou pour se défendre de leurs agressions.

Il se supporte lui-même et comme me disait un jeune de huit ans qui était très solitaire; "Je ne m'ennuie jamais seul, je suis suffisamment intéressant".

Parce que les adultes se projettent toujours dans les autres, et les parents encore plus dans leurs enfants, tous ceux qui sont susceptibles de s'ennuyer croient que l'enfant teflon solitaire souffre d'être seul. Comme la majorité des gens s'ennuient assez facilement et cherchent sans arrêt des distractions, la quantité de pédagogues, parents ou professionnels, qui veulent aider le jeune teflon dans sa solitude, est énorme.

Il n'y a rien de plus agressant que de vouloir être seul et d'être entouré par des personnes "qui nous comprennent et qui veulent nous aider". Il y a deux solitudes: celle de la fuite, du rejet par l'extérieur, et celle du calme, de la paix avec soi-même.

Plusieurs personnes ont de la difficulté à comprendre qu'un humain puisse être bien lorsqu'il est seul, sans distraction collective. Déjà que plusieurs adultes ne peuvent même pas envisager d'avoir du plaisir sans boisson, ils peuvent encore moins croire à ce bonheur en solitaire.

La solitude n'est pas une condition de souffrance chez l'enfant teflon. Il peut y avoir des exceptions, mais elle sont extrêmement rares. Nous devons quand même nous "mêler" de celle-ci car une grande partie de son développement se fait pendant ces périodes où il est solitaire. Un temps important de sa croissance peut se passer ainsi et nous devons, en tant que pédagogue, être complice de sa solitude.

L'absence de souffrance d'aimer.

L'enfant teflon, intelligent, non-culpabilisable, souffre rarement d'aimer. Nous devons faire une parenthèse ici; il y a plusieurs sortes d'amour exprimées chez l'homme:

a) l'amour de sa personne
b) l'amour des autres en général
c) l'amour de sa femme ou de son mari (amie ou ami)
d) l'amour des enfants en général
e) l'amour de ses enfants
f) l'amour des choses
g) l'amour de Dieu
h) l'amour de la vie, etc.

Chacune des expressions de l'amour énumérée ici sont totalement différentes les unes des autres. On n'aime pas son enfant comme on aime sa voiture. Ce sont deux formes d'amour qui n'ont rien en commun, sauf le besoin de les posséder toutes les deux.

L'enfant teflon aime d'un amour logique que j'appelle ***amour intelligent.*** Cet amour ne fait pas souffrir celui qui aime. L'enfant peut aussi aimer émotivement, normalement diront certains, et adresser cet amour uniquement à une personne. C'est ce qui se passe souvent pendant l'adolescence. Comme le jeune n'a pas expérimenté suffisamment cet attachement émotif pendant son enfance, il devient extrêmement sensible aux souffrances reliées à ce type d'amour.

S'il s'amourache d'une fille ou d'un garçon pendant la période s'étalant au-dessus des 12 ans, il peut souffrir de cet amour d'une façon plus terrible que la normale. Il peut tout abandonner, ses autres amis, l'école, sa famille, ses idées. Il devient extrêmement faible psychologiquement pendant cette phase et il peut se suicider si les choses tournent mal. Un fait est certain, il a souvent de la difficulté à se remettre d'un premier amour manqué. Tous les enfants ont des souffrances de premier amour... mais ces souffrances sont plus dangereuses chez un enfant teflon.

À part cette période, qui n'est pas vécue par tous les jeunes teflons, l'enfant semble souvent sans-coeur justement parce qu'il ne souffre pas d'aimer. Il ne s'ennuie pas de ses parents, il ne se laisse pas manipuler par des raisons affectives, ni par des motifs où son amour pour les autres devient un point faible.

Il aime, mais il peut ne pas souffrir du décès d'une personne chère. Il aime mais il peut ne pas se sentir concerné par l'hospitalisation ou la maladie d'un être proche. Il aime et il n'en souffre pas. Il n'a pas peur de perdre ce qu'il aime. Il n'aime pas pour lui, il aime, c'est tout. De ce fait, il n'attache pas ce qu'il aime et ne souffre donc pas de la peur de perdre cet amour.

S'ennuyer de quelqu'un pendant son absence est normal chez l'humain. L'enfant teflon ne vit pas cela. Il n'a pas besoin de la présence de ceux qu'il aime. Il ne s'ennuie donc pas de leur absence. Il ne souffre pas d'aimer et cela est trop souvent considéré comme un manque d'amour. Les pédagogues tentent souvent de compenser ce qu'ils croient être un manque d'expression de sa part par une éducation ou une thérapie particulière. Il n'est pas mal pris, il n'est pas malade, il aime... mais il n'en souffre pas, c'est tout.

Cette phase est facile à vivre pour lui, rarement pour les parents qui ont besoin de marques d'affection de la part de leur progéniture. Nous devons nous contrôler et apprendre à communiquer sous le signe du respect. Cette façon est beaucoup plus proche de l'amour de l'enfant teflon, un amour sans souffrance qui laisse libre celui qui aime comme celui qui est aimé.

L'impolitesse.

Nous savons qu'il existe une différence entre la politesse et l'impolitesse. Mais il y en a une aussi entre le fait de ne pas être poli et celui d'être impoli. Trop de personnes exigent des autres une politesse en accord avec leurs propres critères. Ce genre d'individus déplaît à coup sûr à un enfant teflon.

La politesse est une question de géographie. Au Tibet, tirer la langue est une forme de salutation très polie. Ici, c'est plutôt une insulte. L'enfant teflon accepte difficilement d'être poli. Il n'est pas nécessairement impoli, mais il refuse souvent d'entrer dans ce jeu où l'hypocrisie mène le bal.

Il apprend assez jeune que la politesse est trop souvent le codifiage du mensonge et une autre façon qu'ont inventée les adultes pour le manipuler. Il sait que ses parents et ses instituteurs exigent de lui qu'il dise la vérité, et en même temps, ils veulent à tout prix qu'il soit poli. Les deux vont rarement ensemble.

Lorsque qu'il est aux prises avec "tante Hortense" qui lui demande si son nouveau chapeau lui va bien, il répond la vérité et celle-ci peut être "***non***". Vu qu'il a été impoli, selon l'idée que la majorité des gens se font de l'impolitesse, il est puni. Il apprend rapidement à devenir poli, c'est-à-dire à mentir dans certaines occasions, afin d'éviter de se faire servir des punitions.

Mais lorsqu'il dit d'autres mensonges, ses parents le disputent encore. Il découvre que ceux-ci désirent qu'il mente et qu'il dise la vérité uniquement quand ça leur va. Il n'est plus le maître de sa parole. Il expérimente aussi les actions de ses parents et des autres adultes et il se rend bien compte que sa mère, très polie au téléphone avec un interlocuteur, le maudit une fois qu'elle a raccroché. Hypocrisie, mensonge, voilà ce qu'est pour lui la politesse. Et, quelquefois, elle devient une clef pour manipuler les grands. Il est poli quand il sait qu'avec cette méthode, il aura ce qu'il veut.

Ce jeu est dangereux. Pour qu'un être humain soit respectable (pas nécessairement respecté), il faut qu'il soit capable de se respecter lui-même. L'enfant teflon est normalement neutre. Il n'est pas poli en ce sens qu'il ne communique pas nécessairement avec les formules toutes faites, et il n'est pas impoli, c'est-à-dire qu'il n'insulte pas directement les autres.

Par contre, s'il vit avec des gens qui s'offusquent facilement, qui se sentent insultés pour un rien, il découvre la puissance manipulatrice de l'impolitesse. Il peut profiter de cette occasion pour manipuler l'état psychologique de son entourage et il devient carrément impoli.

Nous devons enseigner à un jeune teflon, et cela le plus rapidement possible, ce qu'est l'ajustement. Plus vite il comprendra ce qu'est un écosystème et l'importance de le conserver en harmonie, plus vite il pourra s'ajuster. Il ne sera jamais poli, mais ça ne paraîtra plus.

Le refus de penser.

Parce qu'il est intelligent, trop intelligent comme disent certains pédagogues, l'enfant teflon a une vision du monde qui n'est pas celle de la masse, de la normalité. Cette vision fait de lui un être à part, qui cadre mal avec les traditions et les vieilles visions du monde.

Son cerveau fonctionne rapidement et ne lui laisse pas de répit. Parce qu'il est harcelé de tous côtés par son entourage, il sait qu'il est différent. La normalité tend à gagner du terrain sur lui et finalement, il peut vouloir rentrer dans les rangs. Plusieurs personnes qui lisent présentement ces lignes ont été des enfants teflons qui se sont rangés.

Il existe plusieurs techniques offertes par la société pour cette intégration. En passant, elle n'est que rarement souhaitable. Parmi les méthodes les plus faciles et les plus efficaces notons la danse, l'écoute de musique à la mode, la consommation de boissons alcoolisées, de drogue et les orgies. Bien sûr, toutes les habitudes de la masse sont des façons de jouer la normalité, mais elles ne bloquent pas toutes le processus de la pensée.

Pour l'enfant teflon, la seule façon de devenir "normal", de ne plus être naturel, c'est de ralentir son cerveau. La danse, comme plusieurs activités physiques, l'occupe, il ne pense pas. L'écoute de la musique obnubile aussi sa pensée, et plus elle est écoutée à un haut volume, plus cela est efficace. L'alcool et la drogue altèrent directement le corps, donc le cerveau, ce qui collectivise et endort immédiatement sa conscience. Les orgies sont un mélange d'un peu tout ça.

Le refus de penser entraîne plusieurs problèmes:

a) l'enfant fait semblant d'être un imbécile ou un peu arriéré
b) la consommation de boissons alcoolisées et de drogues
c) la recherche incessante de distractions de plus en plus fortes (plus "tripantes")
d) l'abandon du contact avec les personnes capables de penser et de supporter leur pensée
e) le refus de communiquer, de discuter et d'échanger avec des personnes qui peuvent l'aider, parce qu'elles relancent le processus de réflexion
f) la peur de la vie, de la mort, ce qui peut accélérer l'altération du corps (surconsommation d'alcool et/ou de drogues)

g) le suicide

Étant donné la forte pression que nous exerçons sur les jeunes afin qu'ils cadrent dans la vision que nous avons du "normal", l'enfant teflon se retrouve dans un étau qui peut le détruire. D'un côté, sa nature, son intelligence, ses différences et sa vision du monde, de l'autre, la normalité (la moyenne collective), les traditions, l'éducation d'intégration, les thérapies pour le guérir, les pressions sociales pour le changer.

Cette pression que nous avons connue, mais rarement comme l'enfant teflon vu que dans la majorité des cas nous n'étions pas teflons du tout ou pas assez, crée un stress de vivre qui force plusieurs de ces jeunes à tout faire pour cesser d'être ce qu'ils sont.

Ou bien ils s'adaptent en détruisant leur nature, ou bien ils transforment l'entourage positivement ou négativement et ne s'adaptent jamais, ou bien ils se suicident.

Il faut tout faire pour qu'ils n'obnubilent pas leur pensée et il faut les aider à supporter ce qu'elle va leur amener. Si cette pensée est si problématique, ce n'est pas parce qu'elle est mauvaise. C'est uniquement parce qu'elle est mal adaptée à notre genre de société. Elle est souvent meilleure que la pensée collective, mais la société n'est pas construite pour fonctionner sur la logique, sur la paix, sur la croissance des consciences. Elle n'envisage pas de plan réel à long terme pour l'humain, elle n'a pas prévu l'avenir. Elle n'est pas conséquentielle dans ses actions et elle ne fait que désinformer les populations. La conscience de l'enfant teflon échappe à cette mécanique. Il voit plus clair et bien souvent, il a peur de sa vision. Il en parle à sa façon et on veut le guérir.

Je n'exagère pas lorsque je dis qu'on veut le guérir.

L'éducation traditionnelle est la première tentative de guérison, puis la morale, les punitions, la violence et les médicaments. Hélas, dans ce cas, la guérison entraîne une maladie plus grave, la normalité, le collectivisme, et la destruction d'un enfant.

La recherche du contact avec les adultes.

Étant donné la maturité psychologique et l'intelligence de l'enfant teflon, il est inévitable qu'il recherche la compagnie des plus vieux que lui. Il démontre souvent une attirance marquée pour les adultes. Il aime discuter avec eux, participer à leur vie et se mêler de leurs décisions.

Il ne fuit pas toujours la présence des autres enfants plus jeunes que lui ou de son âge, bien que cela arrive souvent, mais recherche la compagnie des adultes. Son développement psychologique lui permet de comprendre ce qui se passe dans la tête des grands. Il comprend leurs jeux de mots, suit leurs conversations sans trop de problèmes et aime apporter ses idées.

Il est fréquent de voir un jeune enfant teflon refuser de jouer avec des copains de son âge. Un exemple parmi tant d'autres: Julie, jeune fille de 6 ans, rentre à la maison au milieu de l'après-midi et rejoint sa mère qui discute avec la voisine. Lorsque cette dernière lui demande pourquoi elle n'est pas avec ses amies, Julie répond: "*il y a un trou dans le champ près de l'école et ils s'amusent à lancer des cailloux dedans en riant comme des imbéciles. Je ne veux pas jouer à ça!*".

Fréquemment, l'enfant teflon se désiste des occupations de ceux de son âge, sauf si ses amis sont à caractère teflon eux aussi. Cette mécanique entraîne souvent certains problèmes pour les parents, les éducateurs et le jeune. Notre société a tendance à former des groupes en fonction de l'âge. Dans les garderies, à l'école comme dans les colonies de vacances, les enfants sont regroupés selon leur âge physique. Mais l'enfant teflon qui a un âge psychologique totalement différent de celui qu'ont les enfants anciens (ceux qui s'adaptent au cadre ancien) en rapport avec leur âge physique, est presque toujours dans le mauvais groupe.

Il est naturel de les voir se retirer de l'ensemble pour se retrouver seul. Leurs besoins psychologiques est rarement en affinité avec les activités réservées (dans la normale) à leur groupe d'âge. Un enfant teflon préférera souvent être avec des plus vieux, et il appréciera énormément le contact des adultes si ceux-ci savent le considérer à sa juste valeur.

Il est donc problématique, à l'école, de le laisser dans une classe normale, structurée en fonction de l'âge physique, mais il est aussi souvent compliqué de le placer dans une autre classe. Il peut avoir besoin d'un certain niveau de maturité du milieu pour certaines activités et d'un autre pour d'autres activités.

Si les bases de l'éducation et de l'instruction étaient faites à partir de ses besoins, le problème n'existerait plus pour lui, mais deviendrait évident pour les enfants anciens qui ne pourraient plus suivre. Il faut donc un double cadre, c'est-à-dire qu'il faut un cadre beaucoup plus souple pouvant intégrer les deux types de jeunes. Il y a plusieurs façons de le créer et nous y reviendrons plus tard.

Sachons qu'il est tout à fait naturel qu'un enfant teflon

se retrouve souvent solitaire ou avec de plus âgés que lui. Ce n'est pas un véritable problème, bien que ça puisse le devenir. On ne doit pas tenter de corriger cette façon de faire du jeune en l'obligeant à jouer avec ceux de son âge.

Si le contexte s'y prête, il est souhaitable que l'enfant puisse bénéficier du contact avec les adultes ou les plus vieux. Il n'y a pas de problème qui puisse en résulter. Il faut se rappeler que c'est l'âge mental ou psychologique qui doit déterminer le cadre humain et non pas, comme c'est presque uniquement le cas aujourd'hui, l'âge physique.

Nous créerons plus de difficultés au jeune si nous le forçons à demeurer avec des enfants qui ne sont pas teflons, donc qui ne sont pas de son âge psychologique. Si le milieu ne se prête pas à une relation plus ajustée psychologiquement, on peut s'attendre à ce que certains problèmes surgissent dans le comportement de l'enfant teflon. Il peut finir par se lasser des contacts avec autrui et il peut cataloguer l'ensemble des gens de la même façon, pour se retrouver seul génie sur la planète.

Plus l'enfant a de possibilités de communiquer avec les adultes, plus il se sent heureux (si cette communication est intelligente, bien sûr) et plus il apprend, par expérience, que ce monde des grands vaut la peine d'être connu et exploité.

Par contre, si le jeune teflon n'a pas ou à peu près pas accès à ce genre de contact, il peut développer une mécanique de rejet envers le monde des grands. Plus la communication entre lui et les adultes manque de logique et d'intelligence, plus il se détache d'eux. Il finit par ne plus croire en ce que ceux-ci lui disent, il abandonne progressivement l'idée de vivre dans la société de la façon dont nous le faisons.

Il ne faut pas tenter de convaincre le jeune teflon de se trouver des amis de son âge. Son véritable besoin se situe au niveau de sa conscience psychologique, donc de son âge mental et non pas physique.

Le refus d'aller à l'école.

Tous les enfants teflons ne refusent pas d'aller à l'école mais plusieurs d'entre eux ne veulent plus en entendre parler. Je rencontre souvent des parents qui sont aux prises avec un jeune enfant teflon (il a donc les quatre caractéristiques de base) qui ne veut plus y retourner. Ces enfants n'ont souvent pas encore atteint l'âge de huit ans, certains sortent de la maternelle ou de la garderie, et il n'est pas question pour eux d'aller à l'école.

Nous devons, pour comprendre ce qui se passe, faire un cheminement de point de vue et adopter celui du jeune. De son point de vue, étant donné que pour lui ne compte que l'immédiat terme, étant donné qu'il est très intelligent, étant donné qu'il est souvent entouré de jeunes moins matures psychologiquement, des jeunes qui ne sont pas teflons, étant donné que le professeur n'est pas nécessairement capable de donner des raisons intelligentes adaptées à lui, étant donné... il ne considère pas le milieu scolaire comme quelque chose d'utile et d'intéressant.

Nous savons qu'il est utile d'aller à l'école. Nous savons que c'est l'une des meilleures sources d'apprentissage. Nous savons qu'il est utile de savoir lire et écrire.

Nous le savons maintenant, grâce à l'expérience que nous avons de la vie. Mais nous ne l'avons pas toujours su. L'enfant ne le sait pas lui non plus. S'il est teflon, il a expérimenté différentes choses concernant le monde des adultes et il sait que la plupart des choses qu'ils disent ne sont pas totalement fiables.

À travers le discours que tiennent plusieurs parents, il en ressort que l'école devient un lieu où envoyer les enfants pour avoir la paix. Dernièrement, un commercial télévisé commençait avec l'image d'une mère exténuée qui nous disait "*enfin l'école recommence, il était temps!*". Ce commercial annonçait une vente de matériel scolaire pour les jeunes. Il communiquait peut-être bien ce que les parents voulaient entendre, mais il instruisait encore une fois les jeunes que ceux-ci ne font que déranger et que l'école est un endroit où on les envoie plusieurs mois par année uniquement pour avoir la paix.

Un enfant teflon qui conscientise ce genre de message et qui entend souvent ses parents dire "*Ah que j'ai hâte que l'école recommence!*", ne peut considérer sérieusement les raisons que nous lui donnons pour y aller.

Plus un enfant est intelligent, moins il aimera l'école dans sa structure actuelle. Le professeur y fait pour beaucoup, les parents aussi, mais ce n'est pas toujours suffisant pour l'intéresser à y aller. Nous ne devons jamais forcer un enfant teflon à retourner en classe. Nous avons toujours peur qu'il manque sa vie s'il manque une ou deux années scolaires. Mais nous devrions considérer la question sous d'autres angles. Si le jeune va à l'école et se lasse encore plus de la vie, nous risquons de le perdre à jamais. Plus il aimera la vie, plus il sera respecté dans ce qu'il est, plus il décidera de nous écouter et de rembarquer dans le système.

Bien sûr il y a la loi qui oblige un jeune à aller à l'école, bien sûr il y a le reste de la famille qui pousse pour que les parents soient "normaux", bien sûr il y a l'école qui ne comprend pas, il y a...

Mais avant tout, il y a l'enfant.

Nous devons comprendre que la vie d'un jeune ne s'arrête pas parce qu'il prend une année sabbatique. D'ailleurs un enfant teflon est un très bon autodidacte en autant que l'on puisse lui fournir les outils qu'il réclame. Il n'est pas question ici de tout lui donner et de le laisser faire à sa tête. Mais quand l'envie d'aller à l'école se transforme en dégoût, il faut changer sa stratégie d'intervention.

On ne doit pas essayer de le raisonner avec des arguments comme "*tu devrais faire un effort, de toute façon tu n'as pas le choix*". Si nous arrivons à la frontière du Mexique et que les douaniers nous disent qu'ils doivent peindre notre automobile en vert bouteille uniquement parce que c'est la loi et que c'est comme ça que ça se fait dans ce pays, allons-nous nous laisser faire?

On nous dira que ce n'est qu'une petite étape à passer, que nous nous sentirons mieux dans le pays une fois que ce sera fait. On nous dira de faire un effort, de comprendre, et que de toute façon nous n'avons pas le choix.

Nous ne voudrons rien savoir. Nous serons teflons à leur tradition. Nous réclamerons des raisons intelligentes pour nous, et on nous dira que c'est parce que c'est plus beau ainsi. Finalement, nous rebrousserons chemin, refusant d'aller au Mexique, ou bien nous accepterons, frustrés, qu'on change la couleur de notre automobile.

Mais si on nous avait donné une seule raison

intelligente. Si on nous avait dit que les guérilléros tirent sur tout ce qui n'est pas vert bouteille, nous aurions compris et accepté. Une raison intelligente... une seule, fait toute la différence pour un enfant teflon.

La simulation de la stupidité.

Plusieurs jeunes à caractère teflon, donc très intelligents, simulent l'imbécilité, la stupidité, et quelquefois l'arriérage mental. Il est surprenant de constater ce genre de situation qui se présente de temps en temps. Plusieurs jeunes teflons simulent véritablement la stupidité dans leur parole, leur comportement et dans presque toutes les relations qu'ils ont avec l'extérieur.

Certains jeunes refusent de parler avant un âge assez avancé (au-dessus de quatre ans) uniquement parce qu'ils n'ont pas le goût de communiquer. Une mère me demanda un jour ce qu'elle pouvait faire dans un cas comme celui-là avec sa petite fille de 5 ans. Plusieurs spécialistes l'avaient déjà vue mais n'avaient rien trouvé ni rien pu faire. La petite était considérée comme légèrement attardée mentalement.

Je suggérai à la mère de ne pas prendre sa fille en pitié mais, au contraire, de la traiter avec assez de vigueur, de tout faire pour la mettre en colère. D'après la description que la mère avait faite de son enfant, on pouvait présumer que c'était une enfant teflon qui simulait. Un jour, la petite s'est mise en colère et a crié toutes sortes de bêtises à sa mère. Elle savait parler, le faisait sans doute quand les adules n'étaient pas là, et cette fois, emportée par sa colère, elle s'était échappée devant sa mère.

Plusieurs enfants teflons coulent leurs matières scolaires parce que cela fait partie du jeu. Ils manipulent leur entourage de cette façon et attirent vers eux l'attention des autres. Ils n'ont pas besoin de se casser la tête avec toutes sortes de choses car les adultes les laissent tranquilles à cause de ce "handicap". Il faut faire attention pour parvenir à découvrir un enfant teflon qui se cache sous le voile de la stupidité. Il faut le prendre par surprise car sinon il nous déjouera. Certains parmi eux font exprès pour avoir des défauts de prononciation, d'élocution, ils parlent avec une sorte d'accent, il semblent avoir des problèmes moteurs, ils simulent très bien les problèmes mentaux.

Un jour, près d'un jeune de 10 ans qui était en retard dans son développement, mais que je soupçonnais d'être plutôt en avance et d'être un jeune teflon, je contais une farce très subtile à une personne avec qui je m'entretenais. Je savais que le jeune, qui semblait perdu dans ses pensées, m'écoutait comme il écoutait tout ce qui se passait et se disait autour de lui. À peine avais-je terminé de conter ma farce qu'il m'interrompit, sourire aux lèvres, en me disant que ce que je venais de dire n'avait pas de sens et il m'expliqua pourquoi. Il avait saisi le jeu de mot avant l'adulte à qui je parlais. Il n'était pas retardé mentalement, il simulait.

Un autre jeune avec qui j'ai eu des contacts se transformait radicalement lorsqu'une autre personne s'approchait, surtout si c'était un membre de sa famille. De très lucide, efficace, direct, solide, il devenait mou, perdu, indirect, niaiseux et dérangeur. Deux enfants bien différents se cachaient dans le même corps.

Certains jeunes teflons souffrent d'une forme d'autistisme paroxystique. Ils s'enferment dans un monde imaginaire, totalement à eux, mais uniquement quand ils le veulent. Ils en sortent aussi lorsqu'ils le désirent. Une mère me contait les problèmes qu'elle vivait avec son jeune garçon qui était souvent à simuler un monde dans lequel il évoluait. Il parlait souvent avec des personnages imaginaires et il passait une grande partie de ses journées dans son monde. Les parents l'ont fait voir par différents spécialistes qui n'ont pu que diagnostiquer l'autistisme.

Un jour, elle tenta d'entrer dans le monde de son enfant. Elle se mit elle aussi à parler à ces personnages et à vivre comme si tout était vrai. Mais elle ne put endurer ce genre de vie très longtemps. Elle craqua un beau matin et, prenant son fils dans ses bras, elle lui demanda s'il voyait réellement tout ce monde. À sa grande stupeur, celui-ci lui répondit: "*Mais, maman, tout ça est dans ma tête, ça n'existe pas pour le vrai, ce n'est qu'un jeu. Je n'aime pas les jouets que j'ai et mes amis sont tous trop stupides*".

Le goût d'apprendre.

La majorité des enfants nouveaux démontrent un vif goût pour la découverte, pour apprendre. Ils s'intéressent normalement à tout ce qui est nouveau, bien qu'ils n'aient pas tous la persévérance qu'il faut pour que ce goût devienne un outil efficace.

L'enfant teflon aime apprendre. Il cherche, il fonce, il s'interroge, interroge les autres, et il est un très bon autodidacte. Si son mode de recherche et d'apprentissage n'est pas trop bafoué par les parents et le système scolaire, il parviendra souvent à traverser la jungle qu'est l'école.

Son intelligence le place par contre presque toujours dans des situations inconfortables. Il aime apprendre et il s'arrange pour le faire, à l'école, à la bibliothèque ou chez lui. Comme il est très efficace dans les matières qui lui plaisent, il a tendance à diriger son effort vers elles. N'étant pas toujours persévérant, il a tendance à changer de matière au gré de ses désirs. Sa méthode est très efficace pour lui. Il revient vers certaines matières lorsqu'il en a le goût et les laisse de côté lorsqu'il en a assez.

Bien que très efficace et typique des autodidactes, cette façon de fonctionner ne plaît ni aux écoles, ni aux parents. Toujours en avance dans la matière qui l'intéresse, presque toujours en retard dans celles qu'il n'aime pas, il est un marginal scolaire qu'on ne sait trop où placer.

Les parents veulent trop souvent d'un enfant normal, qui suit le groupe dans lequel il se trouve. Si celui-ci va rapidement, ils veulent un enfant qui va aussi rapidement. Si le groupe est lent, ils veulent que leur jeune ralentisse lui.aussi, afin de ne pas devenir marginal. Bien que plusieurs parents prétendront le contraire, si leur enfant est surdoué et que cet état de fait cause des problèmes, ils lui demanderont de faire un effort, de ralentir et de s'adapter à la vitesse du groupe. Comme nous le savons, un enfant teflon ne peut à peu près pas se plier à de telles demandes, sauf s'il se drogue...

Le goût d'apprendre est inhérent à l'enfant teflon. C'est ce goût qui peut le pousser à commettre plusieurs larcins, à désobéir, à sécher certains cours pour fouiller ailleurs. Si le cadre est approprié, le jeune acceptera certains compromis qui rendront sa vie ainsi que celles des autres beaucoup plus facile.

Le plaisir des jeux de mots subtils.

L'intelligence, pas uniquement l'intellectuence, s'exprime beaucoup à partir du langage. La capacité de faire des jeux de mots faciles ou subtils est l'une des preuves de l'intelligence. C'est la preuve que l'individu a cette faculté d'instantanéité, d'adaptation immédiate à un événement. Une personne qui ne fait pas de jeux de mots subtils peut être très intelligente, comme elle peut ne pas l'être. Mais quelqu'un qui fait ce genre de farces est nécessairement intelligent.

L'enfant teflon, étant intelligent, s'adonne souvent à cet exercice. Il déforme amusamment les paroles des autres, de ses amis, de ses parents ou de ses professeurs. Ce besoin de jouer avec les mots fait partie intégrante du développement de son intelligence. Ce phénomène ne doit jamais être inhibé.

Hélas, trop souvent, les adultes ont l'impression que le jeune teflon les nargue en déformant ainsi leurs paroles. Un enfant teflon, qui fait des jeux de mots, ne niaise pas nécessairement son entourage. Il joue avec lui. Bien sûr, les jeux de mots qu'il fait peuvent déranger mécaniquement le milieu, mais les adultes semblent détester de tels jeux de mots parce qu'ils les dérangent émotivement. Ils se sentent nargués. C'est pourquoi ils interdisent et punissent même un enfant qui en fait. Pourtant, ce phénomène fait partie de sa croissance mentale, le jeune en a besoin.

Comme la manipulation fait aussi partie de son développement mental, l'enfant teflon allie rapidement les deux formes d'expression et s'en sert contre ceux qui essaient de le lui interdire. Il emploie alors sa capacité à créer des jeux de mots péjoratifs pour manipuler émotivement les autres. Alors là, et là seulement, ses jeux de mots sont nargueurs.

L'adulte qui ne comprend pas que cet exercice du langage développe la conscience, l'intelligence et la langue, fait tout ce qu'il peut pour inhiber cet élan chez le jeune. Chez un enfant teflon, ces tentatives d'interdiction ne font que renforcer son goût pour les jeux de mots. Plus un adulte essaie d'empêcher un enfant teflon d'en faire, plus celui-ci en fait. Progressivement, le jeune peut devenir "drogué" de jeux de mots. Ceux-ci le nourrissent psychologiquement et il peut en faire une armure contre l'extérieur. Il devient alors un être qui ne sait que jouer des mots dans ses relations avec le milieu. Il ne sait plus s'arrêter et il n'est à peu près plus sérieux. Tout ce qu'il dit doit être drôle. Tout ce qu'on lui dit doit devenir drôle.

Cette mécanique est très dangereuse car l'enfant perd toute notion de la réalité. Il ne se sert plus de toutes ses capacités car elles sont toutes obnubilées par cette mécanique des jeux de mots. On ne peut plus lui parler sérieusement, il déforme tout pour rire. Il peut passer de très drôle à très colérique en un instant si on essaie de le rendre sérieux. Rire est sa sécurité.

Tous les enfants teflons ne se rendent pas là. Mais nous devons bien comprendre que lorsqu'un jeune fait des jeux de mots avec nous et avec nos paroles, il tente de communiquer avec nous sur un terrain qui n'est pas protocolaire comme l'est la politesse. Il veut jouer avec nous, c'est-à-dire ensemble. Nous considérons souvent qu'un enfant doit parler lorsque nous le lui permettons et selon la formule qui nous plaît, normalement la politesse. L'enfant teflon ne tient pas compte de ce genre de limites. Il communique quand ça lui plaît et comme il le sent.

Bien sûr, il doit apprendre à s'ajuster à nos demandes mais sans pour autant perdre tout ce qu'il est. Nous devons faire des compromis, c'est-à-dire que nous devons céder un peu de terrain pour qu'il en cède à son tour. Si nous conservons l'idée très vieillote que l'enfant doit devenir un adulte, c'est-à-dire qu'il doit mourir en tant qu'enfant pour finir par nous ressembler, nous aurons beaucoup de problèmes avec la génération teflon. C'est justement ce genre d'idées qui ne colle pas sur elle.

La violence.

Plusieurs enfants teflons deviennent violents uniquement parce qu'ils ne parviennent pas à communiquer avec l'extérieur par les voies qu'ils connaissent. Expérimentant, en regardant faire les adultes dans la vie ou dans les films, que l'une des plus puissantes manières de communiquer est la violence, ils changent leur communication d'épaule et deviennent violents.

L'enfant teflon se sent vivre dans l'immédiat terme. La violence, qui semble souvent gratuite, lui permet de gagner immédiatement, ce que permet rarement la non-violence ou le pacifisme. Elle lui permet de communiquer directement quelque chose, même si ce médium altère beaucoup l'essence même de ce qu'il veut communiquer.

La violence est un langage. Un langage que nous devons apprendre à décoder. Nous devons écouter au-delà des mots et des gestes. Là se trouve l'échange. Certaines personnes tentent de diminuer le degré de violence chez les jeunes en leur donnant de l'amour. Mais si cela fonctionne avec quelques enfants anciens (ceux qui s'adaptent encore aux cadres anciens, traditionnels), ils font fausse route avec les enfants nouveaux.

Nous savons que la génération teflon remplace le mot amour par le mot respect, nous savons qu'elle est très intelligente, donc qu'elle décode rapidement les intentions sous-jacentes à nos mots et à nos gestes. Nous savons que l'enfant teflon, bien souvent, ne croit plus en l'adulte, ni d'ailleurs dans le système et plusieurs ont même perdu l'espoir dans la vie. Leur donner de l'amour par les voies normales les éloigne encore un peu plus.

Plusieurs jeunes teflons que j'ai rencontrés me disaient avoir manqué d'amour. Mais ils constataient aussi que plus on leur en donnait, plus ils devenaient insatisfaits. En fait, on leur avait tellement répété que c'est parce qu'ils manquaient d'amour qu'ils vivaient la violence, qu'ils avaient fini par y croire. Ils appelaient ce dont avaient besoin "amour".

Mais ce n'est pas de cela qu'ils ont besoin, du moins pas de cette forme d'amour que nous retrouvons dans la majorité des foyers, ni de l'amour philosophique dont nous parlons souvent, mais qui n'existe que dans l'imagination des hommes. Ils veulent un amour appelé "***respect***".

La violence est un grave problème chez la jeunesse

teflon car les jeunes qui la constituent ne sont pas culpabilisables et sont souvent indifférents aux torts qu'ils causent, d'où notre impression de violence gratuite. Nous devons comprendre certaines choses en ce qui concerne la violence et les jeunes teflons qui l'expriment:

- qu'il y a communication entre eux et le milieu lors d'expressions de violence
- que nous devons apprendre à décoder les messages cachés derrière cette violence
- qu'elle n'est jamais gratuite mais que nous ne comprenons pas les motifs la sous-tendant
- qu'elle est souvent le résultat du besoin de gagner dans l'immédiat terme
- qu'elle est un catalyseur collectivisant et qu'elle permet une véritable thérapie en défoulant l'enfant teflon des frustrations accumulées dans le passé.

Je ne dis pas que nous devons tolérer la violence. Je dis que nous faisons fausse route en essayant de l'interpréter comme étant gratuite et en essayant de comprendre les jeunes teflons qui la causent comme s'ils étaient des enfants normaux, c'est-à-dire anciens. Plusieurs jeunes à caractère ancien, traditionnel, deviennent violents pour les mêmes raisons, mais nous pouvons les récupérer avec de la compréhension, qu'elle soit réelle ou fictive, avec de l'amour, qu'il soit honnête ou simulé, et avec d'autres recettes conventionnelles. Mais nous ne pouvons récupérer un enfant teflon violent avec de telles méthodes.

Il faut parvenir néanmoins à éliminer la violence dans

la jeunesse, sans éliminer ce qui fait sa qualité. Il nous faut apprendre à vivre et à devenir complice de la génération teflon avant qu'elle ne devienne violente. Et, finalement, il nous faut apprendre à récupérer les jeunes teflons qui le sont déjà devenus.

Attache deux oiseaux l'un à l'autre,
bien qu'ils aient quatre ailes,
ils ne pourront jamais voler

3

DEVENIR COMPLICE DE SON AMOUR

Qu'est-ce que l'amour?

Pouvons-nous réellement poser cette question? N'a-t-elle pas été répondue des milliers de fois par les philosophes, les chanteurs, les théologiens et les psychologues? N'y avons-nous pas, nous-mêmes, déjà répondu? Pouvons-nous poser cette question dans un cadre pédagogique, éducationnel? L'amour a-t-il à voir avec l'éducation?

L'enfant teflon n'aime pas comme l'homme a toujours aimé. Son amour différent le fait souvent cataloguer de sans-coeur ou de mésadapté affectif. Il n'aime pas de le veut la tradition. Il aime différemment.

Si nous abordons le premier chapitre sur la complicité avec ce sujet c'est parce qu'il est un des plus importants. Il l'est pour le jeune, mais il l'est souvent encore plus pour les adultes qui travaillent avec lui. C'est surtout eux qui souffrent de la différence dans l'amour du jeune teflon. Les adultes ont des attentes, des espoirs, des besoins et des exigences même en ce qui concerne l'amour.

Je dis souvent en conférence que l'amour n'est pas une émotion. Elle est un sentiment qui se vit instantanément. L'émotion que nous appelons "amour" n'est que le souvenir de ce sentiment. Nous basons l'ensemble de nos relations affectives sur de la mémoire de sentiments et nous appelons cela "amour". L'enfant teflon vit dans l'immédiat terme. Il vit donc beaucoup plus près du sentiment que de la mémoire de celui-ci. Cela lui permet de moins souffrir d'aimer. C'est déjà là une grande différence; il ne souffre pas d'aimer, ou beaucoup moins que la normalité.

Comme une grande partie du système d'éducation et d'instruction est basée sur la culpabilité, qui ne peut naître si la souffrance liée à l'amour n'existe pas, une grande partie des efforts d'éducation ne sert à rien avec un enfant teflon. Un enfant qui ne se sent pas coupable paraît toujours sans-coeur, c'est-à-dire qu'il semble ne pas aimer, ou avoir des problèmes affectifs.

Nous devons faire très attention pour ne pas mêler continuellement le concept de ce que nous voudrions que soit l'amour et ce qu'il est en réalité. Il y a plusieurs expressions de ce que l'humain appelle "amour". Toutes ses expressions entraînent un jour ou l'autre de la souffrance qui peut porter des noms différents:

- ennui
- jalousie
- inquiétude
- compassion
- colère
- manipulation
- besoin d'affection
- possession
- irrespect
- conditions
- interdictions
- frustrations
- révolte
- regrets
- peine
- sentiment de culpabilité
- limitation psychologique
- violence physique
- violence psychologique

Bien entendu, si nous parlons du concept de l'amour, ce que nous ne devons pas faire, nous dirons que l'amour n'est pas cela. Nous prétendrons que l'amour rend les gens plus doux, plus paisibles, que tous les humains en ont besoin, qu'il empêche les guerres, les disputes, que le véritable amour ne rend pas jaloux, colérique ou violent. Nous dirons que ce sont ceux qui aiment mal qui vivent ce genre de choses.

L'enfant teflon n'est hélas pas dupe de ces mensonges psychologiques qui nourrissent la conscience affective de la majorité des adultes. L'amour est une plaie, du moins comme il est exprimé présentement. Bien sûr, si votre femme ou votre mari vous aime, elle (ou il) entre à l'heure que vous décidez de façon à ne pas vous inquiéter, elle est gentille, douce, aimable, serviable, elle parle quand vous le voulez, ne vous contredit jamais, aime ce que vous aimez, répare vos petites gaffes. Elle vous aime et elle le prouve en vous rendant heureux. Mais elle, là-dedans, n'est qu'une esclave. Même si elle dit aimer tout vous donner, elle n'est qu'une machine à jouissance. Toute sa vie dépend de votre humeur psychologique.

J'ai connu un homme d'affaires qui disait ne pas comprendre les femmes. Il partait des mois à l'étranger, en laissant sa femme à la maison. Il lui laissait une carte de crédit, de l'argent et la liberté de faire ce qu'elle voulait pendant son absence, dans les limites du raisonnable, bien entendu. Mais ce "raisonnable" était fixé par lui, non par sa femme. En plus, lorsqu'il revenait, tout ce qu'il lui demandait c'était d'être là, pour lui uniquement, le temps de son passage. Ce qu'il ne comprenait pas, c'était qu'après toutes les marques d'amour et d'affection qu'il donnait à sa femme, elle trouvait encore le moyen pour ne pas vouloir être tout à lui le peu de temps qu'il restait à la maison. Pour lui, l'amour, c'était ce qu'il faisait et il ne comprenait pas pourquoi sa femme n'était pas reconnaissante. "*Je ne lui en demande pas beaucoup, pourtant, juste d'être là quand j'y suis*".

L'enfant teflon décode rapidement que plus une personne vous aime, plus elle s'attend à ce que vous soyez son esclave. Ce n'est pas volontairement ce que les hommes et les femmes veulent faire, mais c'est inévitablement toujours ce qui se produit.

Peut-il y avoir deux sortes d'amour?

Si nous considérons l'amour tel qu'il est exprimé en réalité au cours de la vie d'un individu, pas uniquement quand ça va bien pour lui, nous pouvons faire un tableau de son amour et des résultats de celui-ci dans sa vie et les influences qu'il a eues dans la vie de ceux qu'il aimait. Nous avons de très belles expressions pour décrire ces amours normaux et conventionnels et nous acceptons facilement les souffrances reliées à ce type d'amour comme faisant partie intégrante des plaisirs de l'amour. Que ce soient la jalousie, la colère, l'inquiétude, la culpabilité, le refoulement, l'envie, la servitude, plusieurs grandes souffrances dans la vie d'un homme, d'une femme ou d'un enfant sont dues à son amour.

Plusieurs diront que l'amour a de très beaux côtés et qu'il ne faut pas regarder que sa partie sombre. Ce genre de discours est un discours d'autruche. Il peut tout aussi bien s'appliquer à la drogue. Les narcotiques ont des effets très destructeurs chez l'homme, mais ils ont aussi de bons côtés qui, selon les toxicomanes, compensent largement les "petites misères" qu'ils leur causent.

Le grand problème, lorsque nous parlons de l'amour, c'est qu'il est devenu pour plusieurs la seule raison de vivre et ces personnes ne veulent absolument pas qu'on y touche pour le dépoussiérer. Ils ont peur de voir ainsi se briser leurs espoirs et leurs illusions. Il y a deux sortes d'amour. Le premier est celui qui est couramment vécu par l'ensemble des humains, de l'antiquité jusqu'à nos jours. C'est celui dont on parle dans les chansons d'amour, qui ne sont que des chansons de plaintes où l'on parle des malheurs causés parce qu'on aime. C'est celui qui est enseigné dans les traditions religieuses et dans les cours de morale. C'est celui qui régit les relations parents-enfants, enfants-parents, adultes-adultes, enfants-enfants dans le cas d'enfants et de parents anciens.

La deuxième forme d'amour est plus libre que la première. Elle ne développe pas la jalousie, la haine, la colère, l'inquiétude et ne demande pas de preuve. Elle laisse libre celui qui aime comme celui qui est aimé. Elle régit les relations parents-enfants et enfants-enfants dans le cas d'enfants et de parents nouveaux, d'enfants et de parents teflons.

Il ne faut pas penser que je parle d'un amour impossible, trop beau, ou encore d'un amour courant, souvent vécu par les humains. Je parle d'un amour neuf, souvent exprimé par l'enfant teflon. Cette forme d'amour le fait cataloguer parmi les mésadaptés affectifs. C'est quand il exprime cet amour qu'on le croit sans-coeur, indifférent et qu'on se demande s'il nous aime ou s'il est capable d'aimer.

Cet amour ne le fait pas souffrir et comme la souffrance d'aimer est l'une des plus grandes preuves d'amour lorsque l'on exprime la première forme, on considère que le jeune n'aime pas.

Comparons les deux formes plus précisément et nous verrons pourquoi la deuxième nous laisse croire que l'enfant a des problèmes affectifs, alors qu'il n'en est rien.

L'amour normal:

- il rapproche
- il rend dépendant
- il permet la manipulation
- s'ennuyer pendant l'absence de l'être aimé est une preuve d'amour
- être jaloux est une preuve d'amour
- il oblige souvent les gens à se demander mutuellement "*m'aimes-tu?*"
- il rend souvent colérique
- il mène quelquefois au meurtre passionnel
- il rend possessif
- il nous permet de nous inquiéter de l'autre.

L'amour de l'enfant teflon:

- il rapproche
- il ne rend pas dépendant et permet l'indépendance
- il ne devient pas un motif ou un levier de manipulation
- la personne qui aime ne s'ennuie pas de la

personne aimée même si elle s'absente longtemps

- la jalousie ne se développe pas parce que l'indépendance est maintenue
- il ne demande pas de preuves parce qu'il ne développe pas le besoin d'être aimé
- il ne mène pas à la colère ni au meurtre passionnel car il n'y a pas de jalousie ni de manipulations basées sur lui
- il ne rend pas possessif car il permet l'indépendance de ceux qui s'aiment
- il ne développe pas l'inquiétude par rapport à ce qui est aimé car il n'assujettit pas celui qui aime.

Les deux comparaisons qui précèdent ne sont pas deux définitions du même amour. Elles définissent deux formes d'amour, un amour émotif et un amour logique, intelligent. Le premier rend heureux et malheureux et l'autre n'altère pas l'état psychologique. L'enfant teflon peut aimer des deux formes en même temps mais il exprime la plupart du temps la deuxième forme.

Un amour différent est-il une maladie?

Je discutais avec un psychologue qui prétendait que je faisais l'apologie du psychopathe lorsque je parlais de l'enfant teflon. Pour lui, un enfant qui n'aime pas selon la norme, qui ne s'ennuie pas de ses parents, qui n'est pas affecté par les problèmes de ceux-ci, qui ne se laisse pas manipuler par l'amour de ses parents est nécessairement un enfant qui a de graves désordres affectifs. Selon ce psychologue, ce genre d'enfant est un malade psychologique, mental, et il doit être soigné par des spécialistes qualifiés et non par des auteurs ou des parents qui prétendent mieux comprendre la jeunesse qu'eux.

Mais nous pouvons faire un parallèle entre ce genre de discours et certains pays de la planète dans lesquels un citoyen est reconnu malade psychiatrique s'il se plaint du régime gouvernemental. On l'expédie alors dans des asiles, au fond du pays. Pour les gouvernants, il est évident que si quelqu'un ose se plaindre, alors que c'est le paradis là où ils vivent, c'est qu'il est dérangé dans sa tête.

L'enfant teflon est trop souvent diagnostiqué malade, mésadapté, psychopathe, uniquement parce qu'il est différent. Comme ses différences sont marquées et qu'elles sont dans des secteurs de la psychologie humaine qui ont toujours été très sensibles, la masse réagit inécologiquement en voulant trop souvent guérir ceux qui ne sont pas malades.

Attention aux explications négatives.

L'amour est un secteur très sacré dans la conscience psychologique humaine. Il ne faut pas trop y toucher. Il est l'une des raisons de vivre de la majorité des hommes. Pour plusieurs, il n'y a que ça de vrai. Dieu aime l'homme comme l'homme aime Dieu. Mais l'enfant teflon remet tout ça en cause. Pas intentionnellement, mais mécaniquement, il n'aime pas comme l'homme a toujours aimé.

La question n'est pas de savoir comment ça se fait, car elle mène toujours à une recherche colorée négativement: ils ont dû souffrir dans leur très jeune âge, dans le ventre de leur mère, ce sont les retombées radioactives, c'est le stress de la société, le trop grand accès à l'information, le mode de vie, la nourriture malsaine, etc.

L'enfant teflon paraît souvent sans-coeur, indifférent, mauvais, on ne sait pas s'il nous aime ou non, s'il aime notre présence ou non, etc. Mais l'enfant teflon est capable d'amour, même s'il peut tuer ce qu'il aime, continuer à l'aimer et ne pas en souffrir. C'est ce genre de fait qui bouleverse les observateurs et qui les pousse à déclarer le jeune "psychopathe".

L'enfant teflon ne fait pas de lien entre le fait qu'il aime et sa vie générale. Il ne fait pas de rapprochement entre le fait qu'il aime ses parents et l'obligation de les servir ou de leur obéir lorsqu'il ne voit pas de raisons intelligentes. Il aime sa mère mais cet amour ne le rend pas coupable des souffrances qu'elle vit supposément à cause de lui. Il aime son père mais cet amour n'est pas un levier pour qu'il travaille plus à l'école uniquement pour le plaisir de celui-ci.

La souffrance comme preuve d'amour?

Dans l'amour traditionnel, lorsque les parents reviennent d'un long voyage, il est normal que les enfants leur sautent au cou tellement ils se sont ennuyés. C'est là une preuve d'amour qui fait chaud au coeur. Pour les enfants anciens comme pour les parents anciens, ces effusions de joie lors des retrouvailles sont une preuve indéniable de la santé affective de la famille. Mais pour cela, il a fallu que les deux partis s'ennuient pendant la séparation. Il a fallu que les deux partis souffrent de celle-ci. Plus la souffrance a été intense, donc plus l'ennui a été intense, plus les retrouvailles seront vécues intensément.

Mais si nous avons affaire à des enfants nouveaux, teflons, qui expriment un amour différent, les parents seront alors très surpris, déçus et attristés par leurs attitudes. Ils ne sauront pas ce qui se passe car un enfant normal qui aime ses parents s'ennuie durant leur absence et démontre cet ennui par une effusion de joie au retour de ceux-ci. L'enfant teflon, aimant d'un amour qui le laisse indépendant émotivement, ne s'ennuie pas ou très peu. Il sera satisfait du retour de ses parents, mais n'en sera pas bouleversé. Il ne sent pas le besoin de courir au-devant d'eux et de leur sauter au cou.

Il peut le faire, mais il peut rester assis où il est et leur dire simplement "bonjour". Les parents que je rencontre me disent souvent que c'est exactement ce que fait leur enfant et ils ajoutent "*c'est grave, c'est pas normal, qu'est-ce qu'on peut faire pour l'aider?* "

On ne doit pas l'aider car il n'a pas de problème. Ce sont les parents qui ont un problème et ce n'est pas le problème des parents qui doit nous forcer à changer le jeune. Les parents doivent se prendre en main et changer eux-mêmes.

Qui a raison?

La question n'est pas de savoir si nous avons raison ou si nous avons tort. C'est trop souvent à cela que se résume la problématique de l'enfant teflon; savoir qui a raison, qui agit bien. Nous agissons tous bien, les enfants comme les adultes. Il y a une différence entre ces enfants teflons et les gens qui ne le sont pas, c'est tout.

Mais cette différence, aussi souffrante soit-elle pour ceux qui sont anciens, ne doit pas nous forcer à changer l'autre parti. L'enfant ne nous force pas à changer. Ce n'est pas lui qui exige que nous fassions certaines choses pour lui. Il demande simplement qu'on ne le force pas à avoir un comportement qui n'est pas le sien uniquement pour nous faire plaisir.

Trop souvent nous pensons que si une personne nous aime, elle devrait nous le prouver et faire des efforts de temps en temps. Mais c'est justement cela l'esclavage de l'amour. Pourquoi, parce que nous aimons quelqu'un et que cette personne nous aime, doit-on toujours l'obliger à nous servir, à nous rendre heureux? Ce n'est là qu'un amour possessif, qui conduit toujours à la souffrance de ceux qui s'aiment.

L'amour peut-il devenir un problème?

Pour l'enfant teflon qui a d'une façon assez profonde cette capacité d'aimer sans souffrir, il devient un problème pour lui que d'être aimé. Puisqu'il ne demande pas des autres qu'ils lui prouvent leur amour, il ne comprend pas ce besoin qu'ils ont, eux. Il ne démontre son affection que par accident, c'est-à-dire qu'il ne le démontre pas volontairement. Pour lui, ce n'est pas un besoin donc il ne fait pas de recherche de situations pour le démontrer.

Il ne pense donc pas à cela et comme dans l'amour ancien les preuves d'affection sont exigées, l'enfant paraît sans-coeur. Nous faisons trop souvent une transposition affective et psychologique. Lorsqu'une personne ancienne, donc normale, aime une personne, elle s'efforce de le démontrer, elle lui fait la "cour". Si elle ne le fait pas, l'autre ne sait pas qu'elle l'aime. Si ces deux personnes vivent ensemble, elles devront continuellement se prouver mutuellement qu'elles s'aiment.

Dans la forme d'amour traditionnel, une personne qui aime, le prouve. Si l'une des deux se détache progressivement de l'autre, elle cessera de lui démontrer de l'affection. Ce sera une preuve que l'amour tend à diminuer. Elle pourra même aller jusqu'à se foutre de l'autre. Elle devient alors sans-coeur. Elle n'aime plus l'autre.

Pour celle qui se voit délaissée, outre la souffrance reliée à son amour devenu à sens unique, elle y ajoute les souffrances liées au refus de se voir délaissée. Elle sait que l'autre ne l'aime plus parce qu'il ne lui achète plus de petits cadeaux comme avant, parce qu'il ne lui donne plus ses petits baisers, parce qu'il a un comportement typique de celui qui n'est plus attaché par les liens de l'amour.

Mais si nous avons affaire à une personne teflon, qui aime cette personne, nous aurons, vu de l'extérieur, à peu près le même scénario. La personne teflon est indépendante face à celle qu'elle aime. Elle n'a pas besoin de prouver son amour et souvent, le fait qu'elle est là, est déjà une preuve suffisante pour elle. Elle ne donnera pas de petits cadeaux, ni de petits baisers. Elle ne sera pas manipulable par son affection et elle agira comme une personne qui n'aime pas, c'est-à-dire qui semble détachée. Elle ne demandera jamais à l'autre si elle l'aime et ne lui dira sans doute jamais quel amour elle a pour l'autre.

Elle sera fiable, mais jamais esclave. Pour une personne qui aime de la première forme d'amour, la personne teflon agit de la même façon que la personne qui n'aime plus et qui est même sans-coeur. C'est pourquoi elle la classera dans le même tiroir. C'est là qu'elle commet une grave erreur.

Une fois classée dans le tiroir du sans-amour ou du sans-coeur, elle tentera de racheter cet amour qu'elle croit avoir perdu. Elle appliquera alors les techniques conventionnelles pour essayer de récupérer l'amour perdu d'un être aimé. Le problème dans le cas d'une personne teflon, c'est qu'elle n'a pas cessé de l'aimer.

Ne pas essayer de guérir la différence.

L'enfant teflon aime, mais ça ne paraît pas nécessairement autant. Trop de parents veulent récupérer leur amour alors qu'ils ne l'ont pas perdu. Cette démarche crée alors les vrais problèmes. Les parents qui reviennent de leurs vacances après un mois d'absence, vont tenter de culpabiliser, inconsciemment souvent, leurs enfants parce que ceux-ci ne se sont pas assez ennuyés.

Leur discours est assez évident: "*Franchement, tu*

pourrais faire un effort, il me semble qu'après un mois sans se voir, tu pourrais être un peu plus réveillé. On n'est pas partis assez longtemps pour que ça paraisse? C'est fin, on part un mois et quand on revient, c'est comme si on était restés ici..." Ce genre de discours est très fréquent. L'enfant teflon qui aime sans souffrir, ne comprend alors pas tout à fait les messages de ses parents. Il comprend qu'il n'agit pas selon leurs besoins, mais il ne voit pas l'intelligence de leurs propos.

L'enfant teflon se retrouve devant un problème d'envergure; il doit tenter d'expliquer à ses parents qu'il les aime, mais ne sait pas comment ni pourquoi ceux-ci ne s'en rendent pas compte eux-mêmes. Il doit comprendre pourquoi il est plus ou moins puni, pourquoi il a déçu et en plus, il doit tenter de supporter une souffrance encore plus terrible pour lui, le fait d'être obligé d'agir contre sa nature, c'est-à-dire qu'il doit essayer d'être comme ses parents le demandent.

Il ne peut à peu près jamais parvenir à être faux avec lui-même pour faire semblant de s'ennuyer, penser à exprimer son affection, son amour, penser à faire plaisir pour prouver qu'il aime. Toute cette mécanique n'est tellement pas naturelle chez lui, parce qu'il n'en a pas besoin de la part des autres, que cela nécessite un véritable travail mental qui l'irrite et l'épuise tout en le rendant nerveux et malheureux. Il décroche très vite et considère de nouveau qu'il aime ses parents mais que c'est à eux de travailler sur leurs propres souffrances, leurs propres craintes, frustrations, insatisfactions et malheurs.

Deux façons d'aimer.

Quand nous parlons d'amour, il y a toujours quelqu'un pour dire que c'est l'élément par excellence permettant les relations harmonieuses entre les hommes sur la Terre. L'homme a presque toujours essayé de lier ses relations par ce ciment que peut devenir l'amour. Hélas, trop souvent, les gens qui nous parlent d'amour sont ceux qui le recherchent le plus, du moins qui en recherchent le plus une forme, la première, c'est-à-dire la forme psychologique, émotive.

Ces personnes sont convaincues qu'elles savent ce qu'est l'amour et elles prétendent en avoir une vision et une compréhension absolues. Elles sont souvent très collantes et elles appellent ce genre de tétage, de l'amour. Il est facile pour celui qui aime quelqu'un à sens unique, de dire que si l'autre ne l'aime pas, c'est qu'il a un ou des problèmes affectifs.

Celui qui a besoin d'affection prétend que tout le monde en a besoin. C'est évidemment un grand facteur dans la communication entre les individus, mais certaines personnes en sont sevrées. Celles-ci n'ont plus nécessairement besoin de cet échange comme d'autres personnes qui ne sont pas sevrées.

Ce n'est pas une maladie que de ne pas être sevré affectivement mais ce peut être un problème si cette personne considère que parce qu'elle a besoin d'affection, tous les humains en ont besoin, sinon ils sont malades ou dérangés. Les personnes qui se sont penchées les premières sur les problèmes que peut entraîner une carence affective étaient, dans la majorité des cas, des personnes non-sevrées. Elles ont donc travaillé dans le sens de leur besoin.

Mais l'amour n'est pas uniquement une question d'affection. Il est quelque chose de beaucoup plus étendu et beaucoup plus complexe. Sous ce mot se retrouvent réunies plusieurs facettes de la relation humaine. Ces différentes facettes ne sont pas toujours interreliées.

Pour plusieurs, l'amour est:

- une relation harmonieuse, volontaire, entre des êtres
- une relation qui se fait au niveau des mots, des gestes, des pensées et du corps
- une communication libre, dans un contexte libre où chaque être est respecté pour ce qu'il est et où personne ne tente de le changer.

Pour d'autres, l'amour est:

- une relation d'attachement qui oblige les êtres en cause à s'aider mutuellement
- une relation dans laquelle on accepte de s'oublier pour se donner entièrement à une autre personne
- une relation qui se vit toute la vie et qui est absolument essentielle à la vie normale, tant sur le plan physique que sur le plan psychologique
- une relation de besoins mutuels dans laquelle on fait de son mieux pour s'aider et pour aider l'autre
- une relation qui comble un profond besoin

et qui doit être continue
- une relation d'attachement dans laquelle il est normal de devoir se prouver l'amour, rester fidèle à un concept particulier de celui-ci et servir l'autre

Et, évidemment, il y a tous les mélanges de ce qui vient d'être dit et tout ce qui peut encore être dit. Il est indéniable que l'amour, sous plusieurs de ses formes, remplit un rôle important pour la majorité des êtres humains. Mais il n'a pas nécessairement la même valeur pour chacun et même s'il y a une "normalité" de l'amour, un degré normal que chaque humain doit atteindre s'il ne veut pas être considéré anormal, il n'en reste pas moins que celui-ci prend différentes allures et intensités.

Un criminel endurci qui ne refuse pas de tuer, peut être amoureux. Un père ou une mère peut aimer ses enfants divinement et agresser physiquement ceux des autres. Certains aiment plus que tout un animal particulier. L'amour a plusieurs visages et bien que nous soyons prêts à en accepter plusieurs nous refusons trop souvent ceux qui s'éloignent un peu trop de la vision que nous en avons.

Une petite autopsie de l'amour.

À travers tout ce que nous communiquons, réunis sous le mot amour, nous retrouvons:

- affection

- sécurité
- respect
- sexe
- bien-être
- occupation
- plaisirs
- aide
- beauté
- échange
- être normal
- communion

Si nous cherchons bien, nous pouvons encore trouver d'autres parties constituant ce que nous appelons "amour". Mais nous allons nous contenter de cela pour l'instant, ce sera suffisant pour que nous comprenions bien de quoi est fait l'amour de l'enfant teflon et pourquoi il n'est pas malade, mésadapté affectif, mal-aimé ou sans-coeur.

Nous devons néanmoins conserver à l'esprit qu'il peut y avoir des enfants teflons, mal-aimés ou mésadaptés, mais les symptômes que nous décrivons ne sont pas les résultats de ce genre d'événements.

Dans tout ce que nous communiquons sous le nom d'amour, il y a un ordre similaire pour la majorité des gens et très différent pour d'autres. Notre éducation affective a justement pour but de placer dans un ordre "normal" les priorités. Nous pouvons donc rencontrer un homme qui aura comme ordre:

sexe plaisir bien-être être normal sécurité occupation affection aide beauté échange respect communion

Ce type d'homme recherche donc une femme pour retrouver sa mère ou du moins un cadre maternel qui le sécurisera. Lorsqu'il l'aura trouvé, le sexe deviendra sa priorité, il lui amènera le plaisir et le bien-être et, en exprimant sa libido, il se sentira normal. Ensuite vient l'occupation, qui est comblée par la présence de sa femme, ses mouvements dans la maison, ses discussions ou ses disputes avec elle. Cela met de la vie dans la sienne. Il n'exprimera pas souvent d'affection car cette facette de l'amour se retrouve trop loin derrière, avec l'aide, la beauté et l'échange. Il ne respectera sans doute jamais sa femme et on ne parle pas de la communion intense entre eux.

Ce genre d'homme est un prototype que l'on rencontre assez souvent. Bien sûr, avec le temps il peut changer, mais on voit rarement de tels changements. S'il avait lieu, l'ordre des priorités changerait. Pour cet homme, l'amour est avant tout une question de sexe, de normalité et de domination sur sa femme.

Quel genre de femme accepterait de vivre avec lui? Une femme dont les priorités réunies sous le mot amour seraient placées comme suit:

être normale sécurité bien-être occupation aide beauté plaisir affection sexe échange respect communion

Une telle femme privilégie le fait d'être normale, ce qui pour elle veut peut-être dire d'être avec un homme à tout prix et le rendre heureux de façon à être bien vue par l'extérieur. La sécurité vient en deuxième et elle se sent très en sécurité avec un tel homme car, bien qu'il soit souvent violent avec elle, il la rassure quand elle dort ou quand elle se promène avec lui. Cette sécurité lui rappelle le cadre familial où son père était similaire et cela lui apporte la troisième priorité, le bien-être.

Elle se sent vivre parce qu'elle doit continuellement

travailler pour faire plaisir à son homme et afin d'éviter ses colères. Cela lui apporte l'occupation, qui l'empêche de succomber à l'ennui. Elle se sent aidée par le fait que ses priorités premières sont comblées, ce qui lui permet de vivre en supportant le manque ou la faible présence des autres priorités. La beauté se résume à la force musculaire de son homme, le plaisir est de partager ses plaisirs, elle lui permet le sexe parce que le reste est comblé et surtout parce que là, elle a un peu d'affection.

Les échanges, le respect et la communion ne sont pas importants, c'est pourquoi elle acceptera même d'être battue par celui qu'elle aime. Ces critères d'amour se retrouvant en dernier dans ses priorités, elle considérera que sa relation est de l'amour. En fait, c'est de l'amour, de l'amour véritable, mais exprimé selon des priorités particulières à elle.

Nous sommes habitués à parler de l'amour sous une certaine forme. Nous avons même appris comment aimer, ce qui était normal de faire et de ne pas faire. Nous avons appris à placer nos priorités selon un ordre précis considéré "normal". Tout ça pour que nous soyons comme nos éducateurs le voulaient. Avaient-ils raison? Avaient-ils tort? Ça n'a aucune importance. Ce qui importe c'est de bien comprendre que, bien souvent, notre façon d'aimer dépend en partie de notre éducation.

Cette éducation nous à changé d'autant plus si nous avions une psychologie faible devant des parents impressionnants. Si nous rencontrons un enfant nouveau, il n'aimera pas comme le font la majorité des enfants. Pourquoi? Simplement parce qu'il n'est pas comme eux.

Son intelligence, qui lui permet de se faire une vision personnelle de la vie, bien avant qu'on ne lui en ait enseigné une, et la précocité de son développement vont lui permettre de placer les priorités constituant son amour, selon un ordre personnel et non un ordre collectif que l'on considère souvent comme normal.

Parce qu'il a une puissance psychologique et parce qu'il est difficilement manipulable, il conservera cet ordre et ne le changera pas, ou pas beaucoup, sous l'effort des éducateurs, parents ou professionnels.

L'association et l'ordre de ses priorités, à la base, ressemblent à ceci:

respect
échange
bien-être
plaisir
aide
beauté
affection
occupation
sécurité
être normal
communion
pas de sexe chez l'enfant

Comme nous pouvons le voir, le respect est passé en premier. Oui, pour l'enfant teflon, le respect est la première priorité dans ce qu'il appellera "***amour***".

Parce que ce facteur est placé en premier, il devient donc essentiel pour lui et il devient la première forme exprimée de son amour. Plusieurs personnes se poseront alors la question suivante; *si le respect est le premier facteur exprimé dans l'amour de l'enfant teflon, pourquoi l'exprime-t-il si peu, pourquoi est-il si sans-coeur, pourquoi est-il si indifférent et pourquoi semble-t-il ne jamais respecter ce qui l'entoure, humain comme matière?*

Parce que le respect demande de l'expérience de la vie pour pouvoir être ajusté à l'extérieur. L'enfant teflon est capable d'un grand respect, mais il commence par se respecter avant tout. C'est pourquoi il se fera un point d'honneur à ne pas se laisser manipuler par autrui. S'il comprend et accepte une manipulation, parce qu'elle est intelligente selon sa vision de l'intelligence, alors il plie. Sinon, il se respecte tellement qu'il ne pliera jamais.

Il faut faire attention ici pour ne pas tout confondre. L'enfant n'a pas l'expérience de vie que nous avons, bien qu'il ait une intelligence prononcée, ainsi qu'un respect profond pour lui-même. Il se respecte en fonction de ce qu'il connaît de lui-même et de la vie, pas en fonction de notre concept ou de nos philosophies du respect.

Nous sommes pressés de dire qu'il ne nous respecte pas souvent. Mais qu'entendons-nous par respect de la part d'un jeune? Qu'il nous obéisse? Qu'il ne réplique jamais à ce que nous lui disons? Qu'il accepte nos idées plutôt que les siennes?

L'enfant teflon se respecte avant tout, donc il s'obéit, il réplique à ce qui ne fait pas son affaire et il accepte ses idées plutôt que celles des autres. Il est respectable parce qu'il se tient debout devant la vie et donc devant ceux qui vivent. Parce qu'il s'apprécie comme il est, il apprécie ceux qui sont comme lui. C'est ce que font d'ailleurs tous les humains. Ils apprécient et reconnaissent comme normaux ceux qui sont comme eux.

L'enfant teflon respecte les autres, mais uniquement les individus qui sont respectables. L'enfant teflon ne peut respecter que ce qui est respectable. Dans l'un des commandements que l'on retrouve dans la Bible, il est dit "*tu honoreras ton père et ta mère*". L'enfant teflon ajoute "***s'ils sont honorables***".

Tout dépend du point de vue.

Voilà le début de la problématique. Sommes-nous respectables? Nous pouvons répondre rapidement "oui" à cette question, mais que vaut notre réponse? L'homme qui bat sa femme sera le premier à nous dire qu'il est respectable et que, au contraire, c'est sa femme qui ne l'est pas. Les criminels se disent respectables et plusieurs se respectent entre eux. Finalement, à en croire tout le monde, nous sommes tous respectables. Tout dépend du point de vue.

Savez-vous ce que c'est un point de vue? Un jour, on entend parler de l'apparition d'une île quelque part sur la planète. Un journal d'une grande ville dépêche cinq journalistes pour faire une série de reportages sur elle. Certains partent alors en bateau, d'autres en hélicoptère, et arrivent tous à des endroits différents.

Le premier, débarqué en canot sur une plage de roches, écrit à son journal et lui décrit l'île. Du moins c'est ce qu'il croit faire. En fait il ne décrit qu'une partie de celle-ci et uniquement à partir de son emplacement géographique, c'est-à-dire de son point de vue. Il parle d'une île de roches, avec quelques montagnes au loin.

Le deuxième arrive en parachute et il décrit une île presque ronde, avec une partie recouverte de végétations impénétrables. Il atterrit dans une lagune et se fait aussitôt attaquer par des crocodiles et d'autres bestioles. Il parle, dans son article, d'une île totalement inhospitalière, où le danger côtoie la mort. C'est son point de vue.

Le troisième, le quatrième et le cinquième arrivent par des moyens différents, sur des emplacements différents. L'un d'eux parle d'un paradis extraordinaire, etc. Chaque journaliste a pourtant visité la même île, mais pas un n'avait le même point de vue. Nécessairement, si nous lisons leurs articles, nous aurons l'impression qu'ils ont tous visité une île différente.

Si quatre des cinq journalistes arrivent à la même place, de la même façon, ils rapporteront d'une façon similaire ce qu'ils verront. Leurs récits seront presque pareils. Par contre l'article du cinquième sera totalement différent. Si nous lisons tous ces récits dans le même journal, qui allons-nous croire? Nous allons sans doute porter plus de crédit aux articles des quatre journalistes qu'à celui du cinquième.

En faisant cela, nous aurions cru le point de vue collectif et nous aurions rejeté le point de vue individuel, le point de vue différent. Nous aurions peut-être pensé que le cinquième journaliste était un menteur, ou un malade qui ne sait pas faire la part entre la "réalité" (***le point de vue collectif***) et ses fabulations (***son point de vue***).

Nous savons maintenant ce qu'est un point de vue. Une personne qui a un point de vue différent n'est pas nécessairement malade ou menteuse. Elle a un point de vue différent, c'est tout. Que ce point de vue soit matériel, comme sur l'île, ou qu'il soit psychologique ou mental, c'est la même chose. Et ce n'est pas parce qu'un très grand nombre de personnes ont le même point de vue, que celui de l'individuel est faux.

Le respect est aussi une question de point de vue. Plusieurs personnes qui travaillent ne peuvent respecter un jeune qui vit des prestations de l'assistance sociale. Par contre, plusieurs jeunes assistés sociaux ne peuvent respecter "les imbéciles qui se croient bons de travailler alors qu'eux ne font rien et reçoivent un salaire".

Attention, il n'est pas dit qu'il est mieux de vivre aux dépends de la société, mais les points de vue sont importants lorsque l'on parle du respect. Une personne peut se trouver très respectable d'exécuter à la lettre tout ce qu'on lui demande. Pour une autre personne, ce serait faire preuve de faiblesse psychologique et ce ne serait pas respectable.

Un enfant teflon ne peut respecter que ce qui est respectable. Évidemment son point de vue de la respectabilité est important. Il ne peut respecter une personne, parent ou professeur, uniquement parce que des règlements l'y obligent. Il ne peut respecter par culpabilité, honte, gêne ou manipulation. Il ne respecte qu'en fonction de sa vision.

L'amour qui s'exprime en premier par le besoin du respect est sans doute le plus sain des amours, mais aussi le plus compliqué à accepter pour ceux qui ont une autre priorité dans leur expression. Respecter quelqu'un, pour plusieurs, c'est le servir, lui faire plaisir, ne pas le contredire, lui plaire, ne pas le déranger, etc. L'enfant teflon est d'accord avec cela, mais il se respecte avant tout. Ce qu'on vient d'énumérer... c'est ce qu'il demande.

Nous devons considérer qu'il y a "***nous***" et qu'il y a "***lui***". L'enfant est un être comme nous et nous ne pouvons pas le traiter comme s'il n'en était pas un. Bien sûr, nous avons notre mot à dire, mais il doit avoir le sien. Si nous attendons de nos enfants qu'ils nous aiment comme nous voulons qu'ils le fassent, s'ils sont teflons, nous serons malheureux et nous risquons d'attendre longtemps.

Il est capable d'affection

Pour qu'un enfant teflon témoigne de l'amour comme nous l'entendons, c'est-à-dire de l'affection, il faudra que les premiers facteurs dans ses priorités, réunis sous le mot amour, soient rencontrés.

- Nous devons obtenir de lui le respect. Cela se fait seulement si nous sommes respectables. Si nous le sommes, nécessairement nous le respecterons.
- Nous devons être capables d'avoir des échanges intéressants avec lui. Cela veut dire qu'il y a communication et pas seulement à sens unique. L'enfant teflon adore échanger et cela doit absolument être atteint pour qu'il passe au facteur suivant.
- Le bien-être apparaît presque de lui-même

lorsque les deux premiers facteurs sont atteints. Cet item vient souvent en troisième chez lui.

- Il faut que le jeune prenne plaisir à vivre avec nous. S'il peut s'amuser avec nous, nous faire des coups, qui sont en réalité des farces, ne pas être puni inutilement, si nous respectons notre parole, si l'environnement lui permet de s'exprimer, alors l'autre item peut être atteint.
- Il doit sentir qu'on veut et surtout qu'on peut l'aider. Il doit aussi savoir que nous acceptons son aide. Même s'il ne fait pas tous les travaux qu'il accepte de faire, à notre façon et à notre goût, nous devons le laisser faire, quitte à finir, sans le réprimander, derrière lui.
- Après, vient la beauté (l'ordre des priorités, chez l'enfant teflon, peut varier quelque peu, mais le respect vient à peu près toujours en premier). L'enfant parvient à trouver la vie belle, les relations intéressantes et il est capable d'apprécier d'une façon plus émotive ce qu'il vit.
- À ce stade d'expression, l'enfant peut alors devenir affectueux et même un peu collant. Il comprend vite si nous lui demandons de ne pas ambitionner, mais il démontre plus facilement et plus spontanément de l'affection. Il acceptera d'en recevoir, s'il ne se fait pas trop coller, et l'enfant devient adorable.

L'enfant teflon est capable d'affection. Mais pour pouvoir vivre, avec lui, cette expression, il faut que le respect, la première forme d'amour qu'il demande, soit exprimé de notre part. Il ne faut pas s'en faire, si nous nous respectons et si nous le respectons, nécessairement il nous respectera.

Son amour passe en premier lieu par le respect et il ne recevra le nôtre que s'il passe lui aussi par là. Il ne sert à rien de vouloir lui donner notre affection si nous ne le respectons pas au préalable. Pour lui, un être, parent, ami ou professionnel, qui se respecte lui-même, est aimable.

Sa vision du respect.

Pour bien comprendre, il nous faut saisir ce qu'est une personne qui se respecte elle-même. Un enfant teflon me racontait qu'au début de son année scolaire, lors de la première rencontre avec son professeur de mathématiques, il avait découvert un homme qui se respectait au plus haut point et il en avait été impressionné. Il voulait devenir ami de ce professeur car en quelques secondes, il était devenu la représentation de l'adulte tel qu'il la concevait.

Ce professeur avait commencé sa rencontre avec sa classe en expliquant l'importance des mathématiques dans la vie d'un individu. "*En plus de développer le cerveau et l'intelligence, disait-il, cela vous permettra de comprendre la vie*". Il faisait quelques rapprochements entre les chiffres, leurs possibilités et la société, l'argent à gérer, ainsi que la façon d'aborder un problème dans la vie. "*Plus vous serez capables de jouer avec les chiffres, plus vous pourrez jouer avec les problèmes de la vie*" disait-il.

C'est alors que quelqu'un frappa trois coups à la porte et ouvrit celle-ci. Tous les regards se tournèrent vers le directeur qui venait d'entrer. Il demanda à trois élèves de bien vouloir le suivre pour régler quelques affaires en rapport avec ce début d'année scolaire.

Il n'eut pas le temps d'en dire davantage car le professeur l'interrompit en lançant un puissant et implacable "*restez assis*". À la stupéfaction de toute la classe, il prit une poignée de petits blocs de bois qui traînaient sur le coin de son bureau et en lança quelques-uns directement sur le directeur qui, à toute vitesse, sortit de la classe et s'enfuit dans l'allée.

Le professeur partit à sa poursuite et fit au moins deux fois le tour de l'école, qui était carrée. Il revint dans sa classe, essoufflé, et annonça "*ne vous en faites pas, le directeur et moi sommes de grands amis, mais s'il veut venir chercher des élèves afin de finaliser leur inscription, qu'il aille les chercher dans les cours de français ou de chimie. Les mathématiques sont trop importantes pour qu'il vienne nous déranger ainsi*".

Ce jeune me dit alors qu'il ne savait pas tout à fait pourquoi, mais il était prêt à croire que les mathématiques étaient une matière importante. Un adulte l'avait dit, mais ils disent tellement de choses, et il avait soutenu ses dires devant l'évidence et devant une autorité, sinon supérieure, du moins égale à lui. Ce professeur était respectable parce qu'il se respectait.

Ce professeur n'avait d'ailleurs à peu près jamais de problèmes avec les jeunes, même ceux qui étaient considérés comme "***à problèmes***". Un enfant teflon est prêt à beaucoup pour rejoindre un adulte qui se respecte et jamais il ne trahit une amitié tant que le respect demeure.

Par contre j'ai déjà entendu un discours donné par un directeur d'école qui ne se respectait pas, ou qui du moins, ne respectait absolument pas la faculté d'intelligence chez les jeunes. C'était aussi au début d'une année scolaire et le directeur était à donner ses consignes pour l'année. Les élèves écoutaient religieusement.

"*Il faut bien comprendre que l'école est importante et que vous devez tout faire pour arriver à l'heure à vos cours*". "*Chaque fois que vous arrivez en retard, même de cinq minutes, vous perdez des parties de matières qui peuvent vous manquer plus tard*". Jusque là ça allait, les élèves écoutaient sans trop montrer d'impatience.

Subitement, certains élèves réagissent et se regardent en se faisant des signes. Le directeur venait juste de dire "*notez bien ceci, à chaque fois que vous arrivez en retard, vous devrez venir à mon bureau m'expliquer ce retard et vous ne pourrez regagner votre classe qu'avec un billet signé de ma main*". Certains étudiants faisaient des signes à d'autres, des signes qui devaient dire "il est complètement fou, il se contredit et il ne s'en rend même pas compte". Quelques jeunes seulement avaient bougé. Des enfants teflons sans doute.

Le directeur poursuit; "*après plus de trois retards, vous êtes retournés chez vous pour la journée*". On pouvait voir des signes significatifs de décrochement total devant son discours. Certains élèves riaient aussi discrètement qu'ils le pouvaient. La majorité des autres continuaient à écouter sans être dérangés par les paroles du directeur.

Que s'était-il passé? On serait porté à croire que les plus dissidents des jeunes avaient simplement réagi aux menaces qui avaient été énoncées. Mais on ferait fausse route. Ce ne sont pas les menaces du directeur qui ont déplu aux oreilles teflons de la salle, mais plutôt l'absurdité du discours.

Je demande à une jeune fille de quatorze ans pourquoi elle trouvait si stupides les paroles de son directeur. Elle me répond que c'est uniquement parce qu'il est complètement perdu. "*Il dit que l'école est importante et qu'il ne faut pas arriver en retard pour ne pas perdre des bribes de matières. Mais si on arrive en retard, il faut aller perdre encore plus de temps à son bureau et en plus, si on a plus de trois retards, si on a manqué quinze minutes de cours en trois retards, il nous fait manquer le reste de la journée... et il dit que l'école est importante. Il nous niaise simplement et il veut avoir raison sur nous, c'est tout.*"

Ce genre de discours contradictoire de la part du directeur, au début de l'année, vient de lui mettre à dos la majorité des enfants teflons qui étaient présents. Mais ce n'est pas là le plus grave. Progressivement, l'enfant teflon qui décèle des contradictions dans le discours des adultes finit par ne plus avoir confiance en eux. Dans ce cas, l'école peut facilement paraître une absurdité pour le jeune.

Pour lui, si l'école est importante, on ne retourne pas un élève chez lui parce qu'il est arrivé en retard. Nous lui disons souvent, pour expliquer cette punition, que c'est pour qu'il apprenne à arriver à l'heure. Mais l'enfant se demande alors si c'est l'école qui est importante ou si c'est le fait d'arriver à une heure déterminée par d'autres (les responsables de l'école) à un travail qu'il n'aime pas nécessairement (son cours).

Nous avons là deux exemples démontrant clairement ce qu'est, pour un enfant teflon, une personne qui se respecte et une autre qui ne le fait pas. Certains d'entre nous pourraient dire que le directeur se respecte peut-être et que ce n'est pas à cause d'une contradiction dans son discours qu'il faut le juger. C'est peut-être vrai, mais du point de vue du jeune teflon qui est dans la salle et qui écoute, obéir à de l'absurdité n'est pas pour lui. Si, par la suite, on veut lui prouver que l'école est importante, on devra avoir de solides explications.

Vu avec des yeux de jeunes teflons, ce genre d'adulte ne mérite pas le respect. Il ne semble pas assez intelligent pour constater la contradiction dans ce qu'il dit et en plus, si on essaie de le lui faire voir, il a plein de raisons stupides à nous donner pour tenter de prouver qu'il sait ce qu'il dit. L'amour commence par le respect reçu par le jeune et donné par lui. Il ne peut être question d'amour dans ce cas entre ce directeur et les enfants teflons qui étaient présents. C'est plutôt du dégoût et de l'irrespect que les jeunes teflons vont lui servir.

Comme l'enfant teflon a besoin, dans son développement, de pouvoir manipuler sa vie, et pour ce faire, il doit manipuler autour de lui la vie des autres, ce directeur devient un élément de choix. C'est pourquoi il aura des problèmes à dialoguer avec les enfants teflons de son école.

C'est la même chose pour un professeur ou un parent. Si nous ne nous respectons pas nous-mêmes en face de nous-mêmes, nous ne serons probablement pas respectés par les enfants teflons avec lesquels nous vivons ou travaillons.

Il ne faut pas penser que nous allons changer cela. Pour l'enfant teflon, le respect est la porte d'entrée pour son amour. C'est par là qu'il faut commencer pour qu'il nous donne le sien et pour qu'il reçoive le nôtre. Pas de respect, pas d'affection.

Ne pas se servir de son amour.

Nous devons quand même retenir une chose; si l'enfant teflon ne nous démontre pas d'affection, il peut nous aimer quand même. Nous avons vu que pour qu'apparaisse son affection, les priorités "respect, échanges, bien-être, plaisir, aide et beauté" doivent être atteintes. Ensuite vient l'expression et l'acceptation inconditionnelle de l'affection.

Mais notre affection pour lui ne doit jamais servir à le manipuler. L'une des grandes erreurs est justement d'essayer de récupérer un enfant teflon dans le système traditionnel dès l'instant où il s'ouvre affectueusement à nous. Il ne faut pas profiter d'une occasion d'échange d'affection pour lui demander de faire quelque chose qu'il ne veut pas faire.

- On est bien ensemble... (mère)
- Oui... (teflon)
- Tu sais que je t'aime très fort?
- Oui... Moi aussi je t'aime même si je ne te le montre pas souvent...
- Si tu veux me le montrer, tu peux... si tu allais faire le ménage de ta chambre, ce serait pour moi une preuve que tu m'aimes...
- Je t'aime, mais je ne veux pas le faire...

ma chambre est à moi... tu n'as qu'à ne pas
y entrer...

Si la conversation se poursuit, peut-être que le jeune teflon va s'efforcer de faire ce que sa mère lui demande, mais qu'il le fasse ou non, nous hypothéquons sérieusement son affection. L'enfant teflon finira par se fermer à nous, si nous agissons comme cette mère, parce qu'il se fait manipuler plus douloureusement lorsqu'il s'ouvre.

Nous ne devons pas recommencer à tout mélanger dès qu'il y a de l'affection, de l'amour. Ce n'est pas parce que le jeune nous démontre qu'il nous aime qu'il est pris. Notre amour ne doit pas devenir un piège à teflon. Trop souvent l'amour entre les hommes ne sert à rien d'autre qu'à rendre esclaves ceux qui sont libres.

Nous devons, comme le fait l'enfant teflon, faire la part entre notre amour et les règles de vie dans la maison ou à l'école. L'enfant teflon est difficilement culpabilisable justement parce qu'il ne vit pas l'affection dans les premières priorités de son amour. Lorsqu'il atteint celle-ci, il devient plus culpabilisable et plus capable de souffrir d'aimer.

Il peut alors expérimenter l'affection d'une façon très négative et se fermer à jamais à certaines personnes ou à certaines sortes de personnes.

De l'amour à la haine

L'enfant teflon, qui vit rarement l'affection sans le respect, peut devenir facilement haineux devant un adulte qui a réussi à avoir son affection et qui tente de le manipuler par la suite. La communication affective ne doit jamais servir de base à la manipulation et il n'y a rien de pire pour un jeune teflon que de voir le respect que l'autre lui donnait fondre en manipulation dès qu'il y a un rapport affectif.

Parce que l'enfant teflon n'aime pas comme la majorité du monde, il a le temps d'expérimenter les résultats, souvent désastreux, des communications affectives. Parce qu'il est relativement insensible, tant qu'il n'exprime pas d'affection, il reste plus froid devant la vie amoureuse des autres.

Cette froideur, qui le fait souvent traiter de sans-coeur, le garde libre et il peut ainsi plus facilement manipuler son entourage par les voies émotives des autres. Plus nous l'aimons, plus nous risquons de nous faire manipuler par lui, s'il n'a pas décidé de nous épargner.

Son expérience se fait dans la vie, dans sa famille surtout, et elle est déterminante dans l'emplacement que va prendre le facteur "affection". Plus il voit des gens se manipuler parce qu'ils s'aiment, plus il tend à repousser l'affection en arrière dans ses priorités.

Ce n'est pas un phénomène totalement conscient chez l'enfant teflon, car, bien qu'il soit conscient de ce qui se passe chez lui, il ne repousse pas consciemment l'affection plus loin, dans l'ordre de ses priorités.

Très jeune l'enfant apprend que ses parents peuvent se mettre en colère, contre lui, contre les autres, contre eux-mêmes et même contre la vie. Il apprend que selon l'humeur psychologique de ses parents, il peut se faire disputer pour une bonne raison et aussi pour rien. Il sait qu'il est souvent la goutte qui fait déborder le vase, alors que c'est quelqu'un ou quelque chose d'autre qui l'a rempli. Il apprend qu'il est dans un monde où il dérange souvent et facilement et il apprend qu'on va tout tenter pour l'éduquer à ne plus déranger.

Parce qu'il est teflon, donc parce qu'il est intelligent, parce qu'il a un développement psychologique précoce, parce qu'il est puissant psychologiquement et parce qu'il ne souffre pas facilement de culpabilité, il entreprend de se faire une armure et de mener sa propre croisade dans sa vie et dans le monde. Plus il sera rapidement désillusionné des relations affectives, plus vite il relèguera en arrière ce facteur dans ses communications. Progressivement, il apprend à étudier les faiblesses amenées par le fait que les autres l'aiment. Il n'est pas conscient qu'il étudie, mais il étudie consciemment.

Le fait de voir régulièrement ses parents, d'autres membres de sa famille, des acteurs à la télévision ou au cinéma, se manipuler par l'amour, l'instruit profondément des dangers d'aimer affectivement et d'être aimé affectivement. Il a vu souvent son père manipuler sa mère en lui donnant comme raison qu'il l'aimait. Il s'est vu souvent demander de prouver son amour à sa mère ou à son père en faisant quelque chose contre son gré. Il apprend rapidement que plus on est proche affectivement, plus le danger est grand de tenter de se manipuler.

Attache deux oiseaux l'un à l'autre...
Bien qu'ils aient quatre ailes,
jamais ils ne pourront voler...

Même si l'enfant teflon n'a pas tous les mots nécessaires pour dire ce qu'il vit, ni même pour le conscientiser, il a tout ce qu'il lui faut pour se protéger. Sa soeur était libre. Elle allait à l'école, sortait le soir et jouait du piano. Un jour, au conservatoire, elle rencontre un garçon qui joue de la trompette. Il est libre lui aussi. Ils deviennent amis, puis, progressivement, de très bons amis. Lorsque Gilbert, le gars, téléphone à sa soeur pour l'inviter à sortir, il respecte toujours un refus de sa part. Il sait qu'il n'a rien à dire, elle est son amie, mais pas sa petite amie.

Ils se respectent, ils sont amis. Un jour, ils découvrent qu'ils sont amoureux l'un de l'autre. L'enfant teflon voit alors les choses se dégrader. Gilbert est de plus en plus souvent sur les talons de sa soeur et elle, réciproquement. Leurs plaisirs changent et le fait d'être ensemble paraît de plus en plus important. Gilbert dit souvent à sa soeur qu'elle devrait s'intéresser un peu plus à ce qu'il fait.

La vie de sa soeur change. Celle de Gilbert aussi. Alors qu'ils étaient libre avant, ils doivent maintenant faire attention à ce qu'ils disent, pensent et font. Fréquemment, ils doivent se parler uniquement pour ajuster leur relation. Avant, il n'y avait pas de problème, mais depuis qu'ils s'aiment affectivement, les disputes fusent. La jalousie, la peur, l'inquiétude, la colère, le besoin d'être compris, d'être aimé.

Il doivent abandonner une partie de leur vie, chacun de leur côté, uniquement pour ne pas empirer leur relation qu'ils appellent "***amour***". Sa soeur abandonne le piano car Gilbert n'aime pas cela et elle a maintenant d'autres choses à faire, comme aller l'écouter donner des concerts de trompette.

L'enfant teflon voit la vie de sa soeur, et un peu celle de Gilbert, s'effriter sous le poids de l'amour affectif. Alors, son intelligence le lui crie, sa maturité psychologique lui explique, sa puissance psychologique le lui permet et sa non-culpabilité le solidifie; il place l'affection après plusieurs autres facteurs réunis sous le mot amour.

On ne peut pas, et on ne doit pas essayer, de changer l'ordre des priorités de l'enfant. On ne doit pas le traiter d'anormal parce qu'il n'a pas placé ses priorités selon l'ordre habituel. Son expérience lui permet une plus grande protection au niveau affectif et nous ne devons pas changer cela.

Nous devons admettre que, dans bien des cas, nous serions bien plus heureux si nous étions comme lui. Plusieurs personnes suivent quotidiennement des thérapies visant à les libérer de leurs problèmes affectifs et de leur culpabilité. Si, une fois adultes, nous tolérons ce genre de thérapie, nous ne devons pas considérer l'inverse lorsqu'il s'agit d'un enfant teflon. Il n'est pas malade, il est différent et, souvent, il est mieux que nous.

Si nous tentons de changer les priorités de l'enfant teflon, ou si nous nous servons de son ouverture affective pour le manipuler, nous allons progressivement changer son amour en haine. Il est facile, lorsque nous jouons avec des cordes émotives, de tout embrouiller. Si nous tentons cela avec un enfant teflon qui s'ouvre à nous, nous risquons de le pousser à un repli qui sera tellement supporté par de la déception, qu'il transformera son amour cn haine.

Bien qu'il soit difficile d'engendrer la haine chez l'enfant, il devient encore plus difficile de la détruire. Normalement, l'enfant teflon qui se sent manipulé par son affectivité, considère, non seulement qu'il n'est plus respecté, mais qu'il s'est fait jouer par celui ou celle avec qui il s'était ouvert. Cela s'exprime immédiatement par une déception qui peut être exprimée de plusieurs façons:

- la colère immédiate
- le retour immédiat à la manipulation de sa part
- le repli sur lui-même, il ne nous dit rien de ce qu'il vit et il nous interdit toute communication à caractère affectif
- la tristesse profonde
- la haine apparemment "gratuite"
- la désobéissance systématique, une vengeance de sa part
- la violence psychologique ou physique apparemment "gratuite"

L'enfant teflon peut accepter un certain nombre de désillusions, de manipulations ou de fois où il se fera avoir parce qu'il s'est ouvert, mais sa limite vient rapidement et nous le perdons souvent sans comprendre. Moins nous respecterons l'ordre et le sérieux de ses priorités, moins nous serons capables de devenir complices de son amour.

Comment devenir complice de son amour?

Devenir complice veut simplement dire que nous devenons capables de participer à sa vision de l'amour, que nous devenons capables de vivre avec lui et que nous acceptons totalement sa façon de communiquer son amour. Nous cessons de nous interroger à propos de sa façon de l'exprimer et nous devenons capables d'être heureux avec lui. Mais devenir complice veut aussi dire que nous l'encouragerons à ne pas changer sa façon de voir les choses même si l'extérieur ne comprend pas toujours sa façon d'aimer. Nous devenons complices ensemble parce que nous savons lui et nous, que tout est bien, même si nous sommes les seuls à le savoir.

Progressivement, parce que l'enfant a un complice, il deviendra heureux de vivre et, en vieillissant, il comprendra l'intelligence de s'ajuster à certains besoins des autres, bien qu'il placera toujours le facteur respect réciproque avant toute autre forme d'expression.

Il nous faut nous rappeler l'ordre dans lequel nous retrouvons souvent ses priorités:

respect
échange
bien-être
plaisir
aide
beauté
affection
occupation
sécurité
être normal
communion

pas de sexe chez
l'enfant

Nous pouvons diviser ces facteurs en trois parties distinctes:

Les facteurs les plus importants:

respect échange

Les facteurs importants:

bien-être plaisir aide beauté affection

Les facteurs les moins importants:

occupation sécurité être normal communion

Je dois rappeler que l'ordre de ces facteurs n'est pas absolu, mais qu'il peut être différent d'un enfant à un autre et qu'il peut s'y ajouter d'autres éléments, comme il peut en manquer. Nous devons quand même savoir que si l'enfant est teflon, le point "respect" fait toujours partie du premier bloc, c'est-à-dire de la partie la plus importante et que l'affection fait habituellement partie du second bloc, la partie importante. Bien que l'ordre à l'intérieur puisse changer, nous retrouvons presque toujours ces facteurs dans ces blocs-là.

Pour devenir complice de l'amour de l'enfant teflon, il nous faut considérer sérieusement chacun des blocs et chacun des facteurs qui s'y retrouvent.

Les facteurs les plus importants.

Nous allons étudier chaque facteur de chaque bloc afin de bien comprendre l'importance de chacun d'eux dans la relation "***amour***" que vit l'enfant teflon.

Le respect.

Comme nous l'avons vu, le respect vient à peu près toujours en premier. Bien que nous puissions changer bénéfiquement l'ordre de certains facteurs dans les blocs, nous ne pouvons à peu près jamais le faire entre les blocs. Cela est néanmoins possible. Le respect est la plus haute forme d'amour et la plus grande preuve de celui-ci vue par les yeux d'un enfant teflon.

Nous devons donc comprendre que nous ne pourrons jamais être complices de son amour si nous ne parvenons pas à instaurer un climat de respect mutuel dans nos relations avec lui. L'erreur fondamentale est d'exiger que le jeune fasse les premiers pas, les premiers efforts. Nous demandons souvent à l'enfant qu'il fasse preuve de respect envers nous pour que nous acceptions de le respecter.

Cette façon de procéder est totalement inutile avec un enfant teflon et peut être extrêmement négative dans les relations que nous aurons avec lui. Nous devons toujours avoir à l'esprit l'un des plus importants axiomes de l'éducation; ***il faut toujours partir du point de vue du jeune et non du nôtre.*** Si nous sommes les éducateurs, c'est que nous avons un peu d'avance sur la jeunesse. Nous pouvons faire plus et mieux qu'elle et nous ne pouvons donc pas exiger des jeunes qu'ils rejoignent immédiatement notre point de vue, ils n'en seront pas capables. C'est à nous de nous ajuster au leur et de trouver comment, de là, cheminer avec eux vers le nôtre, s'il est plus ajusté.

Pour que le respect s'établisse, nous devons démontrer, c'est nous l'éducateur et non le jeune, que le respect est quelque chose de réellement applicable dans les relations entre individus. Nous devons faire les premiers pas si nous voulons que le jeune nous suive. Si nous lui demandons de les faire à notre place, c'est nous qui devrons le suivre.

Il n'y a rien de plus emmerdant et de plus compliqué que de passer devant quelqu'un, en forêt par exemple, alors que nous ne savons pas où il veut que nous allions. Il passe son temps à nous corriger. Nous rencontrons une fourche et nous prenons à droite. Immédiatement, il nous dit "*non pas là, à gauche*". Nous continuons et commençons l'ascension d'une colline. Il nous corrige encore "*pas par là, il faut tourner plus loin*". Tout au long du trajet, alors que nous ne savons pas où il veut nous conduire, nous ne faisons que des fautes de direction. Ce serait tellement plus facile s'il passait devant... nous n'aurions qu'à suivre.

Nous le suivrions dans la forêt, sans avoir à se faire corriger continuellement. La promenade serait beaucoup plus agréable. Mais cela ne nous empêcherait pas de conserver notre jugement. Lorsqu'il rencontre un petit marécage et qu'il décide de le traverser, nous faisons un détour pour ne pas nous mouiller et nous le rejoignons de l'autre côté. Bien sûr, il pourrait se plaindre et nous sermonner parce que nous ne le suivons pas à la lettre, mais il n'aura pas raison sur nous. Nous le suivons toujours, en empruntant un chemin très semblable mais plus ajusté à nous.

Par contre, nous refuserions de suivre un guide qui, passant à côté du marécage, nous ordonnerait de le traverser. Nous ne pourrions suivre une personne qui nous ferait passer continuellement là où elle ne passe pas, sauf si elle a de bonnes raisons à nous donner.

Il en est de même avec l'éducation d'un enfant teflon. Nous devons passer avant lui, et non attendre qu'il le fasse car ainsi, nous serions obligés de le suivre contre notre gré ou de perdre un temps fou à lutter contre lui. Il nous faut aussi accepter qu'il ne suive pas toujours notre sentier, pas à pas. Nous devons l'autoriser à faire des petits détours, à prendre des raccourcis que nous n'avions pas vus, à s'arrêter pour humer une fleur de la vie. Il doit se plaire dans notre sentier. Et nous devons nous rappeler que le sentier en lui-même, n'est pas tellement important, mais que c'est le but qui doit l'emporter.

Nous devons, en plus, donner l'exemple. Nous ne pouvons pas le forcer à passer là où nous ne passons pas. Sauf, bien entendu, si nous avons des raisons intelligentes, ajustées à sa vision de l'intelligence, à lui donner. Nous devons donner l'exemple. Si nous fumons alors que nous ne voulons pas qu'il fume, nous devrons, soit cesser de fumer, soit lui expliquer notre handicap et travailler pour arrêter. L'individu qui ne considère pas que la cigarette est mauvaise pour lui, doit nécessairement autoriser son enfant à fumer.

Si nous apprenons à circuler dans le sentier de l'éducation comme il faut le faire dans la forêt, nous parviendrons facilement à devenir complice du respect de l'enfant, donc de son amour.

Nous ne devons pas nous attendre à ce qu'il démontre un respect pour nous avant que nous ayons démontré le nôtre. Je rappelle que nous devons nous respecter personnellement, avant de respecter quelqu'un d'autre. L'enfant teflon aime être respecté, mais ne peut respecter que les personnes qui se respectent elles-mêmes.

Ce n'est pas tout que de respecter son enfant teflon. Si nous ne sommes pas capables de soutenir notre pensée devant les autres, sauf s'ils ont de bonnes raisons à nous opposer, nous ne serons pas considérés comme respectables par l'enfant teflon. Il acceptera le respect que nous lui donnons, mais nous devons nous respecter personnellement pour pouvoir résister devant le vent de sa manipulation.

Quand nous parvenons à être respectables et à le respecter, nous avons franchi la première et la plus importante barrière de son amour.

Habituellement, après le respect, vient la communication qui permet l'échange entre nous et lui. Cet échange a plusieurs buts:

- le nourrir psychologiquement
- lui permettre de vérifier si le respect est réel et s'il demeure toujours
- lui permettre d'arriver au second bloc et de vivre les priorités qui y sont placées, c'est-à-dire le bien-être, le plaisir, l'aide, la beauté et l'affection

L'échange.

L'enfant teflon, comme presque tous les humains, a besoin d'échanger avec son milieu. Étant donné son développement psychologique précoce, il préfère se tenir avec des gens plus âgés que lui, souvent des adultes. Son échange avec eux sera toujours déterminé par le premier facteur; le respect.

La première forme de respect est de se respecter soi-même. La deuxième est de respecter ce qui est respectable. Pour l'enfant teflon, si nous respectons ce qui n'est pas respectable, nous ne pouvons être respectables parce que nous ne nous respectons pas véritablement.

Ne pas respecter ce qui n'est pas respectable fait partie de l'état de se respecter soi-même. Dans l'échange, l'un des grands points que vérifiera l'enfant teflon est justement celui-là. Son échange sera, au début, uniquement basé sur la vérification du premier facteur, le respect.

Il peut essayer de briser ce respect, il peut essayer de

nous jouer, c'est-à-dire qu'il peut essayer de prouver que notre expression du respect est fausse. Je parle uniquement de l'enfant qui ne vivait pas dans un cadre ajusté par le respect, avant que les adultes autour de lui ne changent. L'échange se fait à un niveau plus intéressant avec un enfant teflon qui a notre respect depuis longtemps. Mais l'enfant qui commence à se rendre compte que le cadre change, que les adultes autour de lui le respectent et sont respectables, souvent, n'y croit pas.

Il n'a pas l'habitude de cela et il a plutôt l'habitude des gens qui font semblant, pour pouvoir l'acheter, et qui ne sont à peu près jamais sincères ou assez solides pour persévérer. Alors il essaie souvent de défaire ce que nous faisons, uniquement parce qu'il est convaincu que tout cela est faux. Il préfère que ça tombe tout de suite. De cette façon, il ne risque pas de s'y habituer pour en souffrir vraiment lorsque ça va tomber.

Bien sûr, ce que nous faisons ne doit pas échouer. Nous devons être persévérants. Cela en vaut la peine. Progressivement, l'échange va devenir agréable et l'enfant teflon ne tentera plus de tout foutre en l'air.

Mais au début il est préférable d'avoir des échanges courts avec lui. De cette façon, nous risquons moins de commettre des erreurs qu'il jugera de travers. Nous laissons des portes ouvertes, mais nous n'étirons pas les échanges verbaux plus que nécessaire. Il ne faut donc pas tenter de profiter des rares fois où un échange bénéfique semble se dessiner. L'enfant teflon peut nous faire passer un examen à sa façon et son analyse des résultats peut être grandement faussée par son désir de découvrir que nous sommes faux. Nous ne le sommes pas, mais il peut interpréter trop de choses en fonction de sa peur du faux. En plus, si nous tentons de profiter des premiers échanges, il risque fortement de considérer cela comme du tétage et il craindra une manipulation. Plus tard, il nous pardonnera facilement plusieurs choses qu'il ne pourrait pas digérer présentement.

Plusieurs points sont donc importants dans l'échange:

Au début:

- communications brèves
- communications directes
- communications surprenantes
- communications réciproques
- communications souvent douces et souvent énergiques

Par la suite:

- communications directes
- communications réciproques plus prononcées
- communications humoristiques même si elles sont sérieuses
- communications libres et ouvertes

Les facteurs importants

Bien que ces facteurs soient très importants, ils seront souvent sacrifiés par l'enfant teflon pour lui permettre d'obtenir ou de conserver les priorités du premier bloc, celui des facteurs très importants. Leur importance est capitale si l'on veut atteindre une communication et un niveau de vie dans lequel le bonheur n'est pas uniquement un mot philosophique.

Le bien-être

Nous serions portés à croire que le facteur ***Bien-être*** devrait venir avant le reste. Mais l'importance d'un facteur n'est pas déterminée par ce que nous aimons apparemment le plus, mais par ce que nous sommes prêts à sacrifier pour l'avoir. Une autre chose vient déterminer l'ordre des priorités: est-il possible d'avoir un bien-être sans avoir, au préalable, reçu le reste? Ce qui permet le bien-être passe nécessairement avant, dans les priorités, et ce que nous sommes prêts à sacrifier pour l'avoir, passe nécessairement après.

Le bien-être est un état de liberté psychologique qui ne peut apparaître que si les plus importants besoins psychologiques sont comblés. Le milieu matériel n'influence pas sur le bien-être proprement dit. Il influence sur l'état psychologique de sécurité, de beauté, etc, et ce sont ces états qui l'influencent.

Habituellement, l'enfant teflon a besoin d'un cadre de respect et d'échange libre pour se sentir bien dans sa peau et dans son milieu. Lorsque ses premières priorités sont comblées, il se sent bien, libre de pensée, libre d'être et heureux de vivre. Le facteur "bien-être" est maintenant facile à combler. Ce facteur vient souvent en troisième, mais jamais en premier dans le cas d'un enfant teflon. Il est prêt à sacrifier son bien-être pour gagner le respect.

Lorsque le bien-être est instauré dans sa vie, il s'ouvre facilement et, rapidement, il comble ses autres facteurs, dans l'ordre qu'il les a inconsciemment placés.

Le bien-être est souvent un plaisir de vivre qui s'exprime surtout à l'intérieur de lui-même. Il est rarement exprimé vers l'extérieur. L'enfant teflon qui parvient à cet état de bien-être peut rester solitaire, mais il sera heureux. Il ne s'ouvre pas nécessairement comme le ferait un enfant ancien, celui qui n'est pas teflon et qui s'adapte tant bien que mal au système traditionnel.

Ce plaisir intérieur qu'est le bien-être n'empêche pas l'enfant teflon d'être un enfant. Il sera beaucoup plus respectueux des ententes intervenues entre nous et lui, mais il restera ce qu'il est; un être individuel. Il ne deviendra pas obéissant émotivement pour autant. Il reste un enfant teflon et, n'importe quand, il sera prêt à sacrifier son bien-être pour conserver son respect de lui-même.

Le plaisir.

Le plaisir apparaît lorsque le bien-être est exprimé. Le plaisir pour l'enfant teflon ne s'arrête pas uniquement à un instant limité. Il ne faut pas confondre l'état d'avoir du plaisir, comme lors d'une partie de cartes et l'état de plaisir à vivre dans un environnement particulier, entouré de gens particuliers.

Le plaisir est un état de bonheur exprimé. L'enfant teflon vit cet état lorsque son bien-être est assuré par les relations de respect et d'échange qu'il a avec le milieu. Il ne faut surtout pas tenter d'acheter le jeune en essayant de lui faire plaisir. Je répète que ce genre de plaisir n'a rien à voir avec l'état "***plaisir de vivre***".

Nous ne pouvons pas, en lui faisant plaisir, devancer cette étape de son amour. Nous ne pouvons pas remplacer le respect par le plaisir. Si nous tentons de lui faire plaisir, avant d'être rendus là, dans l'ajustement de ses priorités, nous serons très déçus. Non seulement l'enfant teflon va accepter qu'on lui fasse plaisir, mais il ne changera pas sa façon d'être pour nous faire plaisir.

Un enfant teflon sait toujours quand on essaie de l'acheter. Que ce soit avec de belles paroles, des cadeaux, des façons d'agir ou des promesses, il décode ce genre de tentatives et, s'il n'y met pas fin de façon assez brutale, il en profite à nos dépens.

Nous ne devons donc pas tenter de lui faire plaisir tant que nous ne sommes pas rendus au minimum dans le deuxième bloc. Pour que notre tentative aboutisse bien comme nous le voulons, il faut déjà être en bonne relation avec l'enfant.

Si un étranger lui fait un cadeau, bien sûr, ça lui fera plaisir, mais il n'y a rien dans ce plaisir qui ressemble à l'état de plaisir qui se rapproche de l'amour global. Pour l'enfant teflon, il y a une différence marquée entre un cadeau reçu des mains d'un étranger ou d'une personne, parent ou non, avec qui il s'entend mal et un cadeau reçu d'un complice de son amour. La valeur est incommensurablement plus grande dans le deuxième cas. Un cadeau venant des mains d'un être avec qui il vit le bien-être vaut tout l'or du pays.

L'aide.

Pour accepter de se faire aider par autrui, il faut, soit être bien mal pris, soit être faible psychologiquement, soit être en harmonie avec ceux et celles qui veulent nous aider. L'enfant teflon ne fait pas tellement confiance à autrui en ce qui concerne l'aide qu'il peut recevoir d'eux. Il apprend rapidement, par expérience ou en observant les autres, que ceux qui veulent aider, veulent souvent s'immiscer dans ses affaires.

L'enfant teflon, grâce à son intelligence et à la précocité de son développement psychologique, parvient habituellement à se tirer seul de ses problèmes. Au cours de sa vie, il rencontrera souvent des problèmes qu'il pourrait peut-être résoudre lui-même, mais qui le seraient beaucoup plus rapidement s'il se faisait aider. La crainte de voir quelqu'un fouiner dans ses affaires, de devoir expliquer à quelqu'un qui ne comprendrait peut-être pas et la crainte de se faire manipuler par cette personne, plus tard, parce qu'elle l'a aidé un jour, font qu'il préfère grandement se débrouiller seul. C'est pourquoi nous retrouvons ce facteur si loin après les autres.

Trop souvent considéré comme de l'orgueil, chez l'enfant teflon, le refus de se faire aider est beaucoup plus une question de logique que d'ego. Il sait pertinemment que plus un humain en sait sur quelqu'un d'autre, plus il peut le manipuler. En plus, il sait aussi que, trop souvent, tout ce qu'il dit peut-être retenu contre lui, plus tard.

L'aide qu'il accepte d'un autre est un grand signe d'harmonie. Il n'accepte pas l'aide de quelqu'un s'il n'y a pas, au préalable, le respect et les autres facteurs précédents. Je ne parle pas des coups de mains bénins comme le fait de lui renvoyer son ballon lorsqu'il sort du terrain de jeux ni de l'aide apportée par obligation comme un professeur qui l'aide à comprendre un problème de mathématiques. Je parle de l'aide en ce qui concerne sa vie psychologique et sa vie en général.

Un enfant teflon accepte d'aider ceux qu'il aime. Il accepte de l'aide d'eux et de personne d'autre. Lorsqu'il accepte la nôtre, nous sommes véritablement complices de son amour.

Mais nous devons faire attention pour ne pas rétrograder à partir de là. Nous ne devons jamais nous servir de ce qu'il nous révèle sur lui pour travailler contre lui. Nous ne devons jamais essayer de le manipuler à partir de ce qu'il nous a dit. Nous devons être capables de garder pour nous ce qu'il nous confie et nous ne devons jamais démontrer plus de pouvoir sur lui parce qu'il s'ouvre en nous parlant de ses problèmes.

Certains parents tentent souvent de "raisonner" leur jeune teflon une fois qu'il s'est ouvert. Ils essaient de démontrer que leurs visions des choses sont meilleures que celles de l'enfant, en faisant un parallèle entre les deux. L'enfant ne doit jamais se sentir moralisé par les personnes envers qui il s'ouvre, sinon, il se détache probablement à jamais d'eux.

L'aide est un cadeau que l'enfant teflon fait à l'extérieur. Que ce soit l'aide qu'il accepte de donner ou celle qu'il accepte de recevoir, c'est un cadeau et une preuve qu'il est heureux.

La beauté.

La beauté apparaît lorsque le jeune est capable de trouver les choses belles. Lorsqu'il commence à apprécier la vie, les événements, un cadeau, un moment, une chose. Lorsque l'enfant teflon cesse de voir le monde uniquement en fonction d'une analyse logique et anémotive (sans émotion), il découvre la beauté cachée sous la forme.

Pour qu'un enfant teflon soit capable de partager la beauté qu'il perçoit, il faut qu'il soit réellement en amour avec son milieu, personnes, événements et matières.

Il voit le monde avec des yeux différents de l'enfant teflon qui est encore à chercher un monde où on le respecterait. Il sait ce qu'est la beauté, l'esthétisme et il sait l'appliquer dans l'événement. Pour lui, il n'y a pas que les objets qui peuvent être beaux, ni les humains. Il trouve belle une situation, une façon de pensée, d'agir.

Il n'aimera pas les situations qui ne sont pas belles, qui sont inesthétiques. Il les condamnera non seulement parce qu'elles ne sont pas belles, mais parce qu'il considère tout ce qui n'est pas logique comme laid. Pour lui, la logique permet la beauté. Observer un coucher de soleil est logique. Le trouver beau parce qu'on se sent bien à le voir, aussi. Mais se plaindre qu'il n'a pas duré assez longtemps, sera considéré comme illogique, donc cette situation deviendra laide. Si une personne se plaint souvent comme cela, l'enfant teflon la trouvera laide elle aussi.

La beauté est une forme de communion entre l'observateur et l'observé. À ce niveau, l'enfant teflon ne communie pas vraiment avec la vie, mais il vibre à elle suffisamment pour l'aimer et pour le lui dire.

L'affection.

Vient enfin le facteur qui est tant recherché par les adultes lorsqu'ils vivent avec un enfant teflon; la preuve la plus reconnue par la tradition qu'il y a amour. De la part du jeune, il y a sans doute toujours amour, mais il l'exprime selon ses priorités et non selon celles de la tradition.

Il deviendra un être affectueux, mais il restera libre et autonome. Il souffrira un peu plus d'aimer, mais jamais assez pour qu'il abdique le respect pour l'affection. À ce niveau, il accepte notre affection sans penser que c'est un moyen de manipulation et il nous donnera la sienne sans tenter de s'en servir contre nous.

Nous devons faire attention pour ne jamais tenter de le manipuler à partir de là. Plus il s'ouvre à nous, plus vite et plus solidement il peut se fermer. Maintenant qu'il accepte la communication affective, il nous pardonnera énormément de choses, mais nous ne devons pas en profiter pour autant. Il reste un enfant teflon.

Cerner l'expression de son amour.

Comme nous l'avons vu précédemment, les facteurs qui constituent les priorités d'expression de l'amour chez l'enfant teflon peuvent varier en ordre et en état. Il devient donc utile de découvrir quels sont les facteurs chez l'enfant avec qui nous vivons et dans quel ordre ils sont placés.

D'une façon globale, le tableau que nous avons étudié s'applique aisément à l'ensemble des jeunes teflons. Par contre, si nous voulons aller plus loin et être plus précis, nous pouvons essayer de reconstituer ce même tableau à même nos observations des expressions de l'enfant avec qui nous vivons ou travaillons.

Pour cela, il faut être absolument impartial et ne pas colorer nos perceptions avec ce que nous espérons trouver. Il ne faut pas partir avec le résultat en tête et tout faire pour l'atteindre. Nous devons noter et assembler les données uniquement en fonction de la réalité. Bien qu'il semble facile d'agir ainsi, l'émotion peut facilement fausser notre travail sans même que nous nous en rendions compte. Il faut donc être très vigilant.

Nommer les facteurs

Nous allons commencer par nommer chaque facteur qui semble important pour l'enfant. En l'observant, en discutant avec lui de choses et d'autres, nous allons rassembler et nommer sur papier les différents facteurs que nous percevons. Il nc faut pas lui demander de nous aider à faire ce travail car il ne sait sans doute pas plus que nous de quelle façon il s'exprime. Je répète que l'enfant teflon fait plusieurs choses consciemment, mais qu'il n'est pas conscient qu'il le fait consciemment. Il y a toujours des exceptions, bien entendu, l'âge est un facteur ainsi que les communications que nous avons déjà avec le jeune.

Le fait de nommer les facteurs nous permet d'éclaircir nos idées. Il n'est pas suffisant de percevoir un ensemble de faits, il est préférable de leur donner un nom. C'est cela "nommer les facteurs". Nous allons découvrir que le "***respec***t" est l'un d'eux, que "l'***affection***" en est un autre.

Nous allons dresser une liste de tous les facteurs que nous allons pouvoir nommer. Il ne faut pas avoir peur d'en trouver trop. Il n'y en aura jamais trop. Nous allons donc dresser une liste en inscrivant les facteurs dans l'ordre où nous les découvrons et non pas dans l'ordre d'importance. Nous procédons comme suit:

1- ________________________________

(inscrire le premier facteur trouvé)

2- ________________________________

3- ________________________________

4- ________________________________

5- ________________________________

6- ________________________________

7- ________________________________

8- ________________________________

9- ________________________________

10- ________________________________

11- ________________________________

12- ________________________________

13- ________________________________

Lorsque nous avons répertorié l'ensemble des facteurs qui semblent sous-tendre l'expression de son amour, nous devons les placer dans l'un des trois blocs d'importance. Il faut, encore une fois, être aux aguets de notre coloration émotive. Nous devons déterminer, en observant le comportement de l'enfant, lesquels, parmi les facteurs nommés, sont les plus importants, les importants et les moins importants. Il faut faire attention pour ne pas placer les facteurs comportementaux du jeune en fonction de nous-mêmes, c'est-à-dire qu'il ne faut pas les placer en fonction de ce que nous considérons comme très important, important et moins important. Nous devons les ordonner comme le jeune teflon les vit et les exprime.

Pour faciliter notre travail, nous allons adopter une échelle de valeur de **1 à 10**. Le chiffre 1 désigne la valeur très peu importante et le chiffre 10, au contraire, désigne une valeur de la plus haute importance. Les chiffres intermédiaires sont des positions intermédiaires entre le très peu important et le très important.

Nous allons donc passer chacun des facteurs, répertoriés dans la liste que nous avons faite, en les soumettant à cette échelle de valeur. Nous devons déterminer si, pour l'enfant, le premier facteur que nous avons nommé est très, moyen ou peu important. Nous lui donnons un chiffre de 1 à 10. Plus il est près de dix, plus ce facteur semble important pour l'enfant. Plus il est près du 1, moins il semble important pour lui. Quelque part entre les deux, il est plus ou moins important, selon qu'il est près du 1 ou du dix.

Nous passons tous les facteurs, les uns après les autres et nous inscrivons leur valeur à côté. Lorsque nous avons terminé, il ne nous reste plus qu'à changer l'ordre d'inscription et à replacer chaque facteur dans l'ordre des valeurs que nous leur avons attribuées.

Les facteurs qui ont eu dix sont inscrits en premier. Puis viennent les facteurs qui ont eu 9, puis 8, et ainsi de suite jusqu'au plus bas. Bien sûr, il se peut que certains chiffres n'aient pas été employés, mais cela n'a aucune importance. Nous pouvons aussi avoir plusieurs facteurs de note 10 ou 6 ou d'un autre chiffre; nous les placerons ensemble, c'est-à-dire qu'ils se trouveront collés dans la liste que nous allons faire. Il nous faut placer les facteurs en fonction de leur note et cela par ordre décroissant, de 10 vers 1.

- ______________________________
(le facteur qui a la plus haute note)
- ______________________________
(le deuxième facteur qui a la plus haute note)
- ______________________________
- ______________________________
- ______________________________
- ______________________________
- ______________________________
- ______________________________
- ______________________________
- ______________________________
- ______________________________
- ______________________________
- ______________________________

Nous allons maintenant former les trois blocs:

- très important
- important
- moins important

Pour cela nous allons séparer les facteurs qui ont eu 8, 9 et 10, les facteurs qui ont eu 5, 6 et 7 et les autres facteurs 4, 3, 2 et 1. Nous inscrivons ces ensembles de facteurs dans leurs blocs respectifs:

très importants
8, 9, et 10

- ______________________________
- ______________________________
- ______________________________
- ______________________________
- ______________________________

importants
5, 6, et 7

- ______________________________
- ______________________________
- ______________________________
- ______________________________
- ______________________________
- ______________________________

moins importants
1, 2, 3 et 4

- ____________________
- ____________________
- ____________________
- ____________________
- ____________________
- ____________________

Si nous n'avons que trois valeurs, 8, 9, 10 et 5, 6, 7, dans les deux blocs supérieurs c'est uniquement parce qu'il est préférable de travailler sur ces valeurs, plus concentrées, que sur un trop grand ensemble de valeurs. Si nous comprenons les facteurs placés en premier, nous comprendrons facilement ceux qui se retrouvent en second. Pour les autres, nous n'aurons presque rien à faire. Si nous parvenons à ajuster notre communication et notre vie aux deux premiers blocs, le troisième se réglera souvent tout seul.

Il est à noter que lorsque la communication "***amour***" se fait bien, les priorités ont tendance à changer, ce qui doit nous obliger à ne jamais considérer comme immuable l'ordre des priorités que nous avons découvert en observant notre enfant.

Devenir complice de l'amour de l'enfant teflon n'est pas plus difficile que d'aimer n'importe qui d'autre. Il est plus compliqué, dans notre relation avec lui, de parvenir à l'expression de l'affection, mais nous n'avons pas à remettre en question toute notre démarche à chaque mois. En plus, lorsqu'on est complice de son amour, nous n'avons à peu près pas de problèmes avec lui lors de son adolescence physique.

Dans le cas de l'amour conventionnel, celui de la normalité, il est peut-être plus facile à rejoindre, mais il rend souffrant, il est source de manipulations de la part des deux partis et il est souvent remis en question, surtout lors de l'adolescence psychologique et physique de l'enfant ancien.

Un peu plus d'efforts au départ, pour beaucoup plus de joie par la suite, c'est cela devenir complice de son amour. Dans cette complicité, il ne faut pas croire que tous les adultes seront admis. L'enfant teflon est complice avec ceux qu'il aime, mais ne change pas son comportement devant les autres. Ce n'est pas parce que nous sommes complices de son amour, qu'il devient bon en classe ou qu'il devient poli avec les autres. Son amour ne le change pas fondamentalement, il lui permet d'être heureux avec ceux avec qui il a cette complicité.

Nous ne changeons pas le jeune, nous nous permettons à tous les deux d'être heureux. Nous n'employons pas notre amour pour l'éduquer car nous devons le respecter pour le conserver. L'amour est une chose, l'éducation en est une autre. Pour ce faire, nous devons devenir complice de son intelligence. Nous devons, avec respect, donc avec amour, lui donner des raisons intelligentes pour l'éduquer.

Avec notre amour, contentons-nous de l'aimer.

La façon de regarder
est importante
dans la découverte
de la beauté!

4

DEVENIR COMPLICE DE SON INDIFFÉRENCE

Qu'est-ce que l'indifférence?

L'indifférence est la capacité qu'a un humain de ne pas être dérangé par ce qui se passe en lui ou autour de lui. Mais elle peut prendre plusieurs allures, tout dépend de la vision que nous en avons. Une personne peut sembler indifférente si:

- elle n'est pas manipulable par des raisons émotives
- elle ne réagit pas aux malheurs des autres
- elle n'accepte pas d'écouter les plaintes des autres
- elle ne semble pas porter attention aux conséquences de ses actions autour d'elle
- elle ne s'inquiète pas des événements autour d'elle
- elle ne souffre pas émotivement de ce qui se passe chez autrui
- elle ne fait pas d'effort pour s'intégrer à un système ou à un groupe.

L'indifférence peut prendre différents visages surtout lorsque la nous considérons comme un défaut. Par qu'il en est ainsi, nous employons ce mot pour discréditer ou pour manipuler quelqu'un. De cette façon, nous pouvons facilement apposer ce mot-là où ça nous plaît.

Un professeur peut dire qu'un enfant teflon est indifférent uniquement parce qu'il refuse d'obéir à des ordres qu'il trouve stupides. Un parent peut prétendre que son jeune est indifférent à ce qui se passe dans la famille parce qu'il ne s'inquiète pas des problèmes de drogue de son aîné.

Bien que l'indifférence soit souvent une très grande qualité chez l'humain, elle est presque toujours considérée comme un grand défaut. Remarquons que ce sont toujours les personnes qui aimeraient que l'on s'occupe d'eux qui cataloguent le plus les autres d'indifférents.

L'enfant teflon n'est pas manipulable par des raisons émotives et son intelligence lui démontre toujours la manipulation cachée sous ce genre de raisons. Prenons un exemple. Lorsqu'un organisme de charité veut ramasser des fonds pour venir en aide à un pays pauvre, il procède toujours en essayant de toucher les cordes émotives du public cible.

Jamais il ne se contente de dire qu'il faut envoyer un peu d'argent pour aider tel pays aux prises avec la famine. Si les penseurs de la campagne de souscription veulent des résultats, ils vont nous présenter une photo d'un jeune enfant, extrêmement maigre et, si possible, dévêtu pour qu'on voit bien. De cette façon, les gens "normaux", souffrant émotivememt de voir cette photo d'enfant, vont envoyer de l'argent afin qu'on la retire de l'écran.

Bien sûr, ils prétendront tous qu'ils envoient leur argent pour venir en aide à ces populations qu'ils ne connaissent pas. Mais c'est uniquement pour ne plus souffrir de voir ce genre de photographies à la télévision. De cette façon, ils ne souffrent plus émotivement de ce problème et, nourrissant l'illusion qui pardonne, ils seront fiers de ne pas avoir été indifférents.

Il y a toujours des exceptions, mais en grande partie, les campagnes publicitaires de ce genre ne visent que les parties émotives de la psychologie humaine et elles se servent grandement des concepts ancrés par l'éducation chez les gens. "***Ne pas être indifférent***" est l'un de ces concepts qui nuit souvent parce qu'il est régi par la vision émotive de l'humain.

L'enfant teflon peut ne pas réagir du tout à ce genre de publicité et il peut même trouver stupide que d'autres y réagissent. Il est indifférent à cette manipulation mais pas nécessairement aux problèmes des affamés. Il y a là une différence importante. L'enfant teflon est habituellement indifférent à la façon dont est communiqué un problème et ne réagit pas comme l'on s'y attend de la part d'une psychologie normale. Mais nous savons que la psychologie de cet enfant n'est pas normale, elle est différente.

Pourquoi semble-t-il indifférent?

Nous avons vu d'une façon suffisamment ample de quelle façon était constituée la psychologie de l'enfant teflon. Pour revoir ou pour mieux comprendre ces différences, il est bon de relire ou de lire le premier livre de cette série, "***Le syndrome de l'enfant teflon***".

Nous devons toujours nous rappeler qu'une différence n'est pas nécessairement négative. Dans le cas de l'enfant teflon, le fait qu'il soit différent n'est pas un problème d'infériorité. Il n'est pas normal parce qu'il reste naturel.

Sa puissance psychologique le préserve des manipulations extérieures. Étant moins manipulable émotivement, il ne réagit pas comme le fait la majorité des gens. Comme nous jugeons toujours en fonction de nous-mêmes et que nous nous sommes souvent adaptés à la normalité, nous nous projetons chez les autres pour essayer de comprendre ce qu'ils font.

Un jugement psychologique se fait presque toujours par projection. Une projection est un état psychologique dans lequel nous nous plaçons, souvent inconsciemment, à la place d'un autre pour essayer de comprendre sa façon de penser et d'agir. Ce phénomène entraîne de grandes distorsions dans notre jugement car il implique l'absolue nécessité que l'autre soit exactement comme nous, du moins psychologiquement.

Si nous sommes une personne qui ne parle pas, qui se gratte la tête et qui tape du pied lorsqu'elle boude, nous penserons facilement que toute personne qui fait la même chose, boude aussi. C'est cela se projeter psychologiquement dans les souliers d'un autre.

Parce que nous considérons que nous sommes normaux, c'est-à-dire conformes aux autres sur plusieurs points, nous concevons beaucoup l'étude de la psychologie comme pouvant se faire par une introspection que nous projetons ensuite sur la masse. La majorité des psychologues ont fait leurs études uniquement pour se connaître eux-mêmes. Se connaissant plus ou moins par la suite, il devient facile de projeter la connaissance de nous-mêmes sur l'ensemble des gens.

Tant que la masse essaie d'être normale, la psychologie traditionnelle, psychologie professionnelle ou personnelle, atteint un certain niveau d'efficacité. Mais lorsque nous avons affaire à une psychologie neuve, non intégrée dans la "normalité", tous les jugements que nous allons faire risquent d'être totalement faux.

C'est pourquoi, trop souvent, lorsqu'une personne observe un enfant teflon, elle voit des choses qui sont souvent fausses. Un enfant teflon, nous l'avons vu, semble sans-coeur, alors qu'il n'aime pas comme le fait la majorité des gens. Il est loin d'être sans-coeur, mais pour plusieurs, il le semble.

Il en est de même avec l'indifférence. Si nous sommes indifférents à quelque chose lorsque ça ne nous touche pas, nous penserons que lorsque l'enfant teflon n'est pas touché par un événement, qu'il est indifférent lui-aussi. Nous nous trompons. Il peut l'être, mais il peut aussi ne pas l'être. Nous ne pouvons projeter une psychologie collective ou normale chez l'enfant teflon pour essayer de le comprendre ou de le juger.

Il y a deux formes d'indifférence.

L'indifférence peut être exprimée de plusieurs façons. Elle peut prendre l'apparence de l'indiscipline, de la désobéissance, du refus, et même de la haine. Parce que l'enfant teflon n'est pas manipulé par les facteurs de surface, il semble ne pas être touché par le fondement. Il ne trouve pas logique que des êtres humains souffrent de la faim, mais comme il ne peut rien faire pour eux, il les ignore. Pour lui, il est aussi logique de manger que d'ignorer ceux qu'il ne peut aider. Ne se sentant pas coupable de la faim des autres, vu que ce n'est pas lui qui la cause, il mange alors avec appétit et ne s'en fait pas pour ceux qui meurent de faim.

Il est touché par ce qui se passe autour de lui, mais il a la capacité psychologique de remettre les problèmes des autres entre leurs mains. De ce fait, il ne souffre pas de culpabilité et paraît indifférent.

Un professeur qui lui demande d'arrêter de faire le pitre en classe parce qu'il dérange les autres, n'aura certainement pas raison devant un jeune teflon qui exprime l'indifférence. Sa construction psychologique ne lui permet à peu près pas la culpabilité, son intelligence lui montre peut-être, qu'en fait, il ne dérange pas, mais que les autres se dérangent eux-mêmes. Bien sûr, il peut aussi vouloir justement déranger pour sentir qu'il contrôle sa vie et qu'il est le maître de l'extérieur.

Si un enfant teflon mâche de la gomme en classe, sans qu'on l'entende mâcher à vingt pieds de lui, pour plusieurs professeurs, il dérange. Si on essaie de lui faire prendre conscience qu'il dérange, il paraîtra sûrement indifférent. Pour lui, il ne dérange personne, il mâche de la gomme. Si, en plus, il se tient sur les deux pattes arrières de sa chaise, le professeur intervient encore une fois, et l'enfant teflon prend conscience que ce sont ces interventions qui dérangent la classe, pas lui.

Un enfant apprend-t-il mieux s'il est inconfortable et immobile? Plusieurs diront "*pas nécessairement, mais il dérange moins*". Nous revenons à l'une des constatations du début de ce volume; nous faisons beaucoup pour que l'enfant disparaisse, c'est-à-dire pour qu'il ne nous dérange pas. Pour l'enfant teflon, ce genre de discipline n'est pas logique, pas intelligent et c'est uniquement une guerre d'ego entre lui et le professeur. Il s'arrangera alors pour la gagner.

Parce qu'il ne veut pas obéir, certains disent "comprendre", il peut soit crier, niaiser ou paraître indifférent, c'est-à-dire intouchable par les ordres et les menaces de l'instituteur ou de l'institutrice. Il est indifférent uniquement parce qu'il ne veut pas se plier et qu'il ne veut pas se battre. Selon lui, il n'a pas à être assujetti à la vision du confort et de la discipline du professeur. A-t-il tort? A-t-il raison?

L'indifférence à corriger.

Si nous voulons vraiment faire de la pédagogie avec un enfant teflon, nous devons considérer qu'il y a lui et qu'il y a nous. Nous devons parvenir à un équilibre entre ses besoins et les nôtres. Trop de jeunes se lassent de l'école uniquement parce qu'ils vivent comme s'ils étaient dans un système carcéral. Il est plus important de motiver le jeune à l'étude que de réussir à faire en sorte qu'il étudie selon nos goûts et nos méthodes.

Un enfant teflon peut passer dans un corridor d'école, bousculer un plus petit que lui, l'envoyer valser dans le décor, et poursuivre sa route comme s'il ne s'était rien passé. Parce que souvent on sait que ce jeune teflon ne connaît pas le plus petit, qu'il n'a pas de motif de vengeance, qu'il ne l'a pas bousculé dans le but de prouver quelque chose à quelqu'un, on considère qu'il est indifférent face à ce qu'il fait et aux conséquences de ses gestes.

Dans ce corridor, l'enfant teflon avait-il vu l'autre jeune? Voulait-il le frapper? Ou s'il ne l'a simplement pas vu et qu'il est indifférent à l'accident? Quand on pose la question à un de ces jeunes, il répond souvent qu'il ne l'avait pas vu ou que l'autre n'avait qu'à ne pas être là ou encore qu'il aurait pu se pousser. Bien souvent, quelle que soit la réponse, l'enfant teflon ne se sent absolument pas coupable de quoi que ce soit et semble être totalement indifférent en face de ce qu'il a causé. Il se demande même pourquoi nous en faisons tout un plat...

Comment intervenir?

Nous laisserons tomber les cas où l'enfant teflon veut se venger de quelque chose, ce qui est rare, ou les fois où il veut simplement gagner dans l'immédiat terme sur quelqu'un pour se sentir vivre, ce qui est plus fréquent.

Bien que très intelligent, l'enfant teflon qui n'a pas appris en bas âge à faire attention aux conséquences de ses actes, peut devenir totalement insensible, même inconscient, de certains gestes qu'il pose et ne pas s'arrêter aux conséquences parce qu'il n'a pas conscience qu'il cause quelque chose.

Ce problème est important à résoudre parce que, non seulement l'enfant nuit souvent là où il passe, mais il dégradera la qualité de sa propre vie en agissant ainsi. Dans le volume 2 de cette série, nous avons expliqué une technique pour récupérer un jeune teflon qui semblait ne plus rien comprendre à notre langage, comme s'il était sur une autre planète. Cette technique s'appelait ***expérience confrontante dirigée***.

Il faut bien discerner.

Pour devenir complice de l'indifférence d'un enfant teflon, nous devons premièrement bien discerner les situations où il a raison d'être indifférent et celles où il a tort. Pour cela nous devrons encore une fois faire attention de ne pas se projeter chez lui et, ainsi, colorer totalement notre intervention.

Comment et quand un enfant peut-il avoir raison d'être indifférent?

- lorsqu'on essaye de lui mettre sur le dos quelque chose qui ne le regarde pas
- lorsqu'on tente de le manipuler pour avoir raison sur lui alors que, fondamentalement, ce que nous voulons n'a aucune importance
- lorsque que quelqu'un d'autre veut le rendre coupable d'une chose qui ne le concerne pas
- lorsque ce qui se passe autour de lui ne mérite pas vraiment qu'on s'y intéresse

Quand peut-il avoir tort d'être indifférent?

- lorsqu'il oblige quelqu'un d'autre à s'ajuster continuellement, soit par ses paroles, soit par son comportement
- lorsqu'il détruit des relations humaines qui ne le concernent pas
- lorsqu'il détruit la matière autour de lui et cela, sans raison intelligente
- lorsqu'il cause des torts autour de lui, mais pas parce que les autres se considèrent lésés, mais bien parce qu'il les lèse
- lorsqu'il manipule autrui uniquement à des fins de victoires personnelles

- lorsqu'il devient inconscient de ce qu'il fait.

Bien discerner les fois où l'enfant a raison d'être indifférent des fois où il a tort de l'être nous évitera d'intervenir pour rien et de détériorer la communication que nous avons avec lui. Il faut savoir qu'une intervention rigide, puissante, juste et à point, ne risque pas d'altérer notre complicité avec son amour, si elle est établie. L'enfant teflon fait très bien la part entre l'amour et le reste des situations de sa vie. Il faut, évidemment, ne pas se servir de cet amour pour le manipuler à devenir moins indifférent.

Il faut savoir, aussi, qu'il n'est pas question de devenir complice de l'indifférence fautive de l'enfant, mais uniquement de celle qui est correcte. Parce qu'il est psychologiquement bâti différemment de ce à quoi s'attendent une majorité de gens, parce qu'il aime différemment, il peut sembler indifférent à certaines choses et il peut être totalement indifférent à d'autres, tout en ayant raison d'être comme ça.

C'est de cette indifférence que nous devons devenir complice. Chaque fois que le jeune est stupidement indifférent, nous devons agir pour l'aider à comprendre l'absurdité de ce qu'il fait. Mais chaque fois qu'il sera indifférent et qu'il aura raison, même si tout le monde autour de lui prétend le contraire, nous devrons le supporter, donc devenir complice de son indifférence.

Il faut savoir que ce n'est pas parce que tout une classe d'élèves est contre un individu que l'individu a tort. Nous devons comprendre que le fait d'avoir raison ou tort est souvent une question de vision, et que la majorité des gens ont une vision très programmée et très émotive des événements. L'émotion n'est pas un problème en elle-même, mais lorsqu'elle colore notre jugement, elle est souvent néfaste. Ce n'est pas parce que nous sommes jaloux de quelqu'un qu'il a nécessairement tort dans ses actions. Mais, souvent, le facteur émotif vient colorer notre vision et ce que nous croyons voir n'est pas toujours ce qu'il y a à voir.

Corriger l'indifférence fautive.

Pour récupérer un enfant teflon indifférent qui a tort, nous devons, par ordre croissant si les premières tentatives échouent:

- lui en parler brièvement, jamais longtemps au début, de façon à ce qu'il n'ait pas l'impression que nous voulons le manipuler en le moralisant
- lui en reparler plus énergétiquement
- lui en reparler plus longuement
- ne jamais se mettre en colère car il peut alors croire que c'est uniquement en fonction de notre émotivité que nous insistons et il peut alors entrer dans une guerre d'ego avec nous
- s'il ne change pas de comportement en face de ce que nous lui communiquons, nous devrons probablement passer à ***l'expérience confrontante dirigée***.

Exemple de la récupération.

Reprenons l'exemple du jeune teflon qui bouscule un autre élève dans un corridor d'école et qui, indifférent, poursuit son chemin. Nous l'interceptons et nous lui faisons remarquer ce qu'il a fait. Nous devons éviter de lui donner des raisons émotives car il ne les acceptera pas. Il faut lui dire rapidement quelque chose comme "*Es-tu conscient que tu as bousculé Marie?*". Qu'il réponde "oui" ou "non", nous ne devons pas insister. Occupons-nous de Marie, si elle a besoin d'aide.

S'il agit souvent de la même façon, qu'il écrase la chatte sans la voir, frappe presque tout le temps les personnes près desquelles il passe, bouscule apparemment inconsciemment les élèves à l'école, on intervient, toujours oralement, en lui faisant juste prendre conscience de ce qu'il cause, sans jamais le moraliser.

S'il ne change pas son comportement, nous intervenons plus énergiquement, c'est-à-dire en élevant le ton de la voix, mais en gardant toujours le contrôle de nos émotions. Nous pouvons parler plus longuement de ce qu'il fait, mais il ne sert à rien de lui demander pourquoi il le fait. Ses réponses ne seront pas utilisables par nous.

Finalement, s'il persiste à bousculer, s'il n'est pas encore assez réveillé pour prendre conscience de son déplacement dans l'espace, dans le milieu, il faut passer à l'***expérience confrontante dirigée***.

Nous voyons, ici, un exemple parmi tant d'autres et il ne faut pas tenter d'appliquer à la lettre la solution de celui-ci. Il y a autant de solutions qu'il y a de problèmes et qu'il y a d'enfants et d'intervenants. Ce qu'il faut, c'est en comprendre le principe.

Lorsque le jeune teflon passe près de nous et qu'il va nous accrocher, nous devons l'accrocher plus puissamment que lui. C'est lui qui doit subir les contrecoups de l'accrochage. Lorsque nous le croisons à la maison ou à l'école, nous devons faire exprès pour agir avec lui comme il agit avec les autres. Nous devons le bousculer.

L'expérience confrontante dirigée.

Pour plusieurs personnes, il peut sembler tout à fait déraisonnable de faire au jeune la même chose qu'il fait aux autres. Mais nous devons considérer que ce que nous devons faire n'est pas du "oeil pour oeil, dent pour dent". Nous devons faire en sorte que l'enfant teflon vive une situation identique à celle qu'il fait vivre aux autres. C'est ce qui s'appelle ***expérience confrontante dirigée***.

Expérience: parce que l'enfant teflon doit vivre l'expérience qui est problématique. S'il la vit, cela nous sauvera beaucoup de temps et d'énergie (des années quelquefois). Le fait de lui faire vivre l'expérience, en dernier recours, facilite grandement notre dialogue explicatif par la suite et là, il comprend très bien ce que nous voulons dire, alors qu'avant, il ne saisissait pas tout à fait. Il faut bien comprendre que parce qu'il est constitué différemment au niveau psychologique, il est fort possible que le jeune ne perçoive pas du tout certains problèmes qu'il cause. Il ne fait pas toujours semblant de ne pas comprendre, parfois il ne comprend vraiment pas. L'expérience confrontante dirigée est alors salutaire pour lui et pour nous, car elle sauve du temps et évite souvent que les relations avec le jeune ne se dégradent.

Confrontante: parce qu'elle doit confronter le jeune teflon avec la réalité de ce qu'il cause comme problème. Cette expérience ne doit pas être une vengeance ou un défoulement de la part de l'éducateur, parent ou professionnel. Elle ne doit pas confronter le jeune à l'adulte, mais uniquement aux conséquences de ses actes.

Dirigée: parce qu'elle est sous le contrôle de l'intervenant qui contrôle bien ses émotions de façon à ce que ce ne soit vraiment pas une vengeance ou un défoulement. Elle est dirigée parce qu'elle prend fin dès que le jeune est prêt à dialoguer ou dès qu'il a compris.

Devenir complice

Il y a une indifférence en face de laquelle nous devons être indifférents. Nous devons, comme nous l'avons vu, ajuster l'enfant teflon lorsqu'il est indifférent devant des actions qu'il pose et qui ne sont pas intelligentes, c'est-à-dire écologiques. Mais il faut maintenant apprendre à discerner quand il y a nécessité d'intervention de notre part et quand nous devons devenir complices de son indifférence.

Le fait d'être complice implique que plusieurs autres personnes ne comprennent pas l'indifférence "juste" de l'enfant. C'est pourquoi nous devenons complices. L'enfant teflon doit savoir que, dans certains cas, nous acceptons qu'il soit indifférent parce que nous sommes d'accord avec sa vision des choses. Nous n'avons pas besoin de le lui dire clairement, mais lorsque plusieurs personnes trouvent que l'enfant est indifférent négativement et que nous considérons que c'est faux et que son indifférence est acceptable, nous devons protéger le jeune contre les autres.

Nous ne devons pas passer notre vie de pédagogue à travailler pour toujours bien paraître devant les autres pédagogues. Si l'enfant a raison, il a raison et nous devons être d'accord avec lui, même si nous nous retrouvons face aux autres. Certaines personnes, rencontrées dans des conférences données dans les écoles, disent que si tout le monde trouve que son indifférence n'est pas normale, ce doit être vrai. Hélas, rien n'est plus faux. Ce n'est pas parce qu'une masse de gens, même intelligents, juge que quelque chose est bleue, que la chose est bleue.

Nous devons partir du point de vue du jeune et non du nôtre, même si le nôtre est bon. Surtout que si le nôtre est bon, cela ne vaut pas dire que celui du jeune ne l'est pas. C'est là que l'apprentissage du respect dans les deux camps devient important.

La plus grande chose à comprendre est donc de ne plus considérer l'évaluation de la masse et les normes collectives, déterminant ce qui est "***normal***", comme la vérité absolue. Ce n'est pas parce qu'un jeune est marginal qu'il a tort. Il peut avoir tort, mais il peut aussi être le seul à avoir raison.

Une indifférence émotive.

Étant donné sa structure de communication en ce qui concerne l'amour, il ne réagit pas comme le font la majorité des gens. Il peut donc, et c'est souvent ce qui arrive, être touché dans sa logique, mais pas nécessairement dans son émotivité. Une grande partie de son indifférence acceptable provient justement du fait qu'il ne réagit pas émotivement à des situations données. Il n'est pas indifférent mais notre vision de quelqu'un qui est touché ne colle pas sur lui.

Si nous nous projetons psychologiquement chez l'enfant teflon, nous risquons de manquer notre coup. Parce que **NOUS**, nous sommes indifférents lorsque nous n'exprimons pas d'émotions ou de réactions particulières face à certains événements, nous considérons que l'enfant qui semble exprimer le même schéma que nous, est lui aussi indifférent. C'est là le danger suprême de la projection psychologique.

Lorsqu'un enfant teflon est indifférent devant les reproches de son professeur ou de l'un de ses parents, cela ne veut pas dire qu'il ne l'aime pas, ou qu'il se fout de lui. Il peut être en total désaccord avec ce que l'autre lui dit et c'est pourquoi il ne réagit pas de façon conventionnelle. En plus, il peut avoir expérimenté l'INUTILITÉ de répondre ou de tenter de s'expliquer. Alors il choisit l'indifférence, c'est-à-dire qu'il ne réagit pas agressivement mais reste froid à ce qui se passe.

Parce que plusieurs personnes s'imaginent que nous devons réagir à chaque fois qu'elles réagissent, elles traitent rapidement ceux qui ne réagissent pas comme elles, d'indifférents. C'est là que nous devons devenir complices de l'indifférence de l'enfant teflon, afin de le supporter dans son action de détachement en face des manipulations inutiles et souvent néfastes des autres.

Devenir complice veut dire que nous l'appuyons dans sa démarche, dans son comportement d'indifférence. Étant donné que plusieurs personnes, professeurs, parents ou amis de la famille, peuvent considérer l'indifférence de l'enfant comme de l'arrogance, de l'impolitesse ou autres facteurs négatifs, ils vont souvent essayer de forcer le jeune à changer, c'est-à-dire à devenir touchable par leurs propos ou leurs problèmes.

Le droit d'être indifférent.

L'enfant a totalement le droit de ne pas se sentir impliqué dans tout ce qui touche les autres, s'il ne cause pas implicitement ces problèmes. Il a le droit d'être indifférent devant une mère qui lui dit qu'elle est malheureuse parce qu'il veut laisser l'école. L'enfant ne vit pas un problème parce qu'il veut laisser l'école mais uniquement parce que l'extérieur ne le comprend pas. Ce n'est sans doute pas écologique, globalement, s'il ne va plus à l'école, mais si sa mère se sent malheureuse pour cela, ce n'est pas à cause de l'enfant. Un être humain ne peut quand même pas changer son comportement à chaque fois que quelqu'un devient malheureux. Le fait de lâcher l'école est un problème, mais le malheur de sa mère en est un autre.

Il a le droit d'être indifférent devant un père qui dit être déçu parce que le jeune veut laisser le hockey. C'est la même chose. Il n'a pas à exécuter tout ce qu'on lui dit uniquement parce que s'il ne le fait pas, des gens autours de lui décident d'être malheureux. Imaginer si sa mère est malheureuse s'il joue au hockey et que son père l'est s'il ne joue pas... Que doit faire l'enfant? Il doit être indifférent aux malheurs de ses parents et faire ce que lui a envie de faire.

Il a le droit d'être indifférent devant un professeur qui se met en colère parce qu'il mâche discrètement de la gomme à son insu. Étant qu'il la mâche discrètement, il ne dérange personne. Mais si le professeur souffre de voir qu'un jeune ne lui obéit pas, qu'il déroge à un règlement que l'enfant n'a pas choisi, ce n'est pas la faute du jeune. Le professeur a trop d'orgueil et sa souffrance ne le concerne que lui. L'enfant a tout à fait raison d'être indifférent devant lui.

Nous ramenons trop vite le concept de la "discipline" pour excuser notre comportement. L'enfant n'a pas à nous désobéir s'il a accepté de nous obéir à l'intérieur de certaines limites et uniquement si nous lui demandons obéissance dans ces limites. Sinon nous faisons de la ***répression infantile***.

L'indifférence n'est pas une insulte.

Il y a des choses devant lesquelles nous pensons que l'enfant n'a pas à être indifférent parce que ces choses sont celles que nous faisons ou qui ne nous sont pas indifférentes. Nous acceptons bien qu'il soit indifférent devant les choses qui nous laissent nous aussi indifférents.

Nous avons souvent l'impression que ce que nous concevons est nécessairement correct et même parfait.

Ça l'est probablement en réalité pour nous, mais nous ne pouvons exiger que les autres confirment continuellement nos impressions et l'honorabilité de nos sentiments. Trop de gens ont l'impression qu'il ont tort s'ils ne sont pas soutenus par les autres. Certains ont même l'impression d'être des imbéciles lorsque les autres ne semblent pas vivre leurs sentiments et c'est pour cela qu'ils ne respecteront pas l'indifférence d'un enfant teflon en regard de leurs impressions ou de leurs problèmes.

L'absurdité de plusieurs raisons émotives.

Si un adulte dit, devant une classe de jeunes, que la famine, dans un pays particulier, doit nous toucher et que nous ne devons plus gaspiller notre nourriture parce que nous devons penser à ces affamés lorsque nous mangeons et constater notre chance d'être comme nous sommes, il rencontrera sûrement des enfants teflons indifférents. Pour le jeune, non seulement il n'est pas responsable de la famine, mais il ne peut absolument rien faire pour aider le peuple qui en souffre. Il sera indifférent aux problèmes de ce pays et aux paroles du professeur. En plus, le fait de se faire dire qu'il ne doit plus gaspiller sa nourriture uniquement parce que d'autres n'en ont pas, place l'adulte dans le tiroir "***à ne pas écouter***". L'enfant teflon, grâce à son intelligence et à la précocité de son développement, sait pertinemment que manger trop pour finir son assiette et forcer le corps à emmaganiser ou à rejeter l'excédent dans les toilettes est la même chose que de jeter le surplus de l'assiette directement dans la poubelle. Il sait que le fait qu'il laisse un excédent de nourriture ne nourrit pas les affamés et, qu'ainsi, le corps n'a pas à digérer inutilement l'excédent alimentaire de son assiette.

Bien sûr, l'enfant peut être un gros mangeur comme il peut être presque anorexique, mais là où il proteste par son indifférence, c'est devant la manipulation illogique du professeur qui essaie par l'émotivité de faire en sorte que les élèves se sentent coupables de jeter leur nourriture comme si c'était cela qui engendrait les famines dans le monde.

Accepter cette différence.

L'enfant teflon est différent et ses différences lui font voir le monde d'une façon différente de la masse. Sa vision fait qu'il ne souffre pas nécessairement là où nous souffrons. Il ne faut pas le changer pour cela. Il ne faut absolument pas croire que nous sommes dans le tort si nous nous sentons touchés par la famine au Tibet alors que lui s'en fout. Nous sommes comme nous sommes et il est comme il est.

Devenir complice de son indifférence, c'est être capable de l'aimer, donc de le respecter, et être capable de le soutenir lorsque les autres essaient de le manipuler lorsqu'il est indifférent devant des choses qui, pour lui, n'ont pas l'importance que nous leur attribuons.

Je reviens sur l'importance de ne pas le laisser être indifférent devant les effets néfastes qu'il cause, mais il faut bien faire la part entre nos propres problèmes émotifs, psychologiques ou spirituels et ses agissements.

S'il engendre des problèmes à cause de ce qu'il fait, il ne doit pas être indifférent. Par contre s'il engendre des problèmes à cause de ce qu'il ne fait pas, il a probablement le droit d'être indifférent devant nos réactions.

La différence est souvent très subtile entre l'indifférence acceptable et celle qui ne l'est pas.

Nous ne devons pas:

- empêcher un jeune d'être touché différemment par ce qui nous touche
- forcer un jeune à être touché par ce qui nous touche
- forcer un jeune à souffrir de nos souffrances
- forcer un jeune à souffrir des souffrances d'autrui
- punir un jeune parce que son indifférence nous frustre
- punir un jeune parce que son indifférence nous rend jaloux
- punir un jeune parce que son indifférence le rend plus puissant que nous
- punir un jeune parce que son indifférence nous empêche de le manipuler
- tenter de culpabiliser un jeune parce qu'il est indifférent face à ce qui nous touche
- tenter de manipuler un jeune en le culpabilisant du fait qu'il soit indifférent
- monter les autres contre le jeune en prétextant qu'il est sans-coeur parce qu'il est indifférent à certaines choses

Nous devons:

- permettre au jeune de vivre sa vision qu'il a du monde tant qu'il ne nuit pas à autrui
- permettre au jeune d'être indifférent devant les choses qui nous touchent
- permettre au jeune de vivre son indifférence acceptable sans essayer de le manipuler à changer
- accepter l'indifférence des autres
- accepter et comprendre l'indifférence d'un enfant teflon devant une raison émotive
- permettre cette indifférence car elle nous rapprochera de l'enfant parce qu'ainsi nous le respectons
- comprendre que son indifférence est souvent exprimée en face d'une vision émotive et superficielle d'un problème et non au sujet du coeur même du problème
- faire savoir au jeune que nous ne sommes pas dérangés par l'indifférence qu'il manifeste à l'égard de certaines choses, même si d'autres personnes en sont dérangées

Devenir complice de son indifférence, c'est nécessairement le respecter et se rapprocher de lui. C'est aussi mieux le comprendre et mieux l'apprécier.

Lorsque l'on devient complice de l'indifférence de l'enfant teflon, nous risquons quelquefois d'être mis à l'index par les autres. Le système scolaire a souvent tendance à faire en sorte que les parents se sentent coupables des agissements de leur enfant afin qu'ils agissent de façon à le manipuler pour qu'il s'intègre aux lois scolaires et aux attentes du professeur. Il est à noter que le cadre familial se sert aussi de cette mécanique en remettant plusieurs problèmes sur le dos de l'école. De toute façon, si nous sommes complices de l'indifférence de l'enfant teflon, nous aurons probablement les mêmes "ennemis"...

L'intelligence ne se mesure pas.
Elle s'apprécit!

5

DEVENIR COMPLICE DE SON HYPEREXPRESSIVITÉ

Qu'est-ce que l'hyperexpressivité?

Parce que l'enfant teflon est intelligent, parce qu'il a un développement psychologique précoce, il a besoin d'un cadre particulier pour pouvoir évoluer "normalement". Plus le cadre est lent par rapport à la vitesse cérébrale de l'enfant, plus celui-ci est ***hyperexpressif***. Plus le cadre est ajusté au rythme de son cerveau, plus il est calme. Si le cadre devient trop rapide, l'enfant semblera ***hypoexpressif***.

Trop souvent, l'hyperexpressivité est confondue avec l'***hyperactivité***. Du point de vue des symptômes, il y a en effet plusieurs similitudes, mais la cause est différente. L'hyperactivité est une pathologie organique tandis que l'hyperexpressivité est un déphasement avec le milieu.

L'hyperexpressivité peut prendre différentes formes:

- activités excessives
- incapacité de s'arrêter à faire une seule activité
- incapacité de se concentrer efficacement
- poser beaucoup de questions, ne pas faire attention aux réponses
- bouger sans arrêt
- parler sans arrêt
- besoin de déranger, d'accabler et même de violenter
- difficulté à dormir
- être facilement énervé par une relaxation
- hyperagressivité
- hypersensibilité

- hyperirritabilité

La liste est longue et il faut savoir que tous les enfants hyperexpressifs n'ont pas nécessairement tous les symptômes décris ici. Ces différentes expressions de l'hyperexpressivité sont compréhensibles si nous saisissons bien de quelle façon est constitué l'enfant teflon du point de vue psychologique.

Ces symptômes sont explicables et ne sont pas sous-tendus par des facteurs biologiques pathologiques. Souvent, les problèmes de l'enfant hyperexpressif sont uniquement causés par notre réaction face à lui et par notre persévérance à vouloir le rendre "normal". Il est certain que le fait qu'il soit hyperexpressif lui cause aussi des problèmes, mais les plus importants sont souvent engendrés par notre intervention mal ajustée.

Il ne faut pas penser que nous agissons toujours de travers avec ce genre d'enfant. Il est important de savoir qu'une grande partie de nos interventions est parfaitement ajustée, mais le but de cette série sur l'enfant teflon est de traiter des problèmes rencontrés avec lui, de leurs causes et de leurs conséquences.

Si nous étudions d'une façon approfondie la psychologie de l'enfant teflon, nous parviendrons à expliquer, donc à comprendre, ce qui cause l'hyperexpressivité chez lui. Je reviens sur le fait que, à la base, elle est causée par une réaction au milieu. Le milieu ne parvient pas à soutenir la vie psychologique et mentale du jeune et la résultante est l'hyperexpressivité.

Pourquoi est-il hyperexpressif?

Il faut savoir que ce ne sont pas tous les enfants teflons qui sont hyperexpressifs. Tout dépend du milieu dans lequel ils sont placés. L'hyperexpressivité n'est pas une maladie comme peut l'être l'hyperactivité. C'est une réaction au milieu. Nous pouvons prendre comme exemple, sans considération raciale, qu'une personne qui vit dans un pays où il est essentiel d'être actif pour être efficace semble toujours hyperactive lorsqu'elle voyage dans un pays où le rythme de vie est plus lent.

Plusieurs personnes qui voyagent en Haïti trouvent qu'une partie du peuple haïtien est trop lent. Ils sont hypoactifs par rapport à notre activité qui, du point de vue haïtien, peut être considérée comme de l'hyperactivité. Nous paraissons souvent très énervés devant un peuple qui a un niveau d'activité plus lent.

Nous les énervons par notre activité fébrile et nous sommes énervés par leur lenteur. Lorsqu'une personne de ce peuple arrive dans une société plus rapide, elle doit s'adapter sinon elle sera toujours considérée comme lente, paresseuse ou stupide, uniquement parce que son degré d'activité n'est pas ajusté à celui de l'ensemble.

Il n'y a pas de peuple mieux qu'un autre. En Haïti, il est problématique de conserver notre rythme nord-américain. Au Canada, il est problématique de conserver le rythme haitien. Ce que nous devons comprendre, c'est que le point de vue détermine encore une fois notre vision. Nous sommes hyperactifs pour un peuple calme et nous sommes hypoactifs pour un peuple plus rapide. Nous ne sommes pas malades pour autant.

Parce que ce n'est pas une pathologie, parce que ce n'est qu'une question d'ajustement envers le milieu ou du milieu envers nous, il ne doit plus être question de maladie et de guérison. Si l'ajustement ne peut provenir du milieu, si le rythme extérieur ne peut s'ajuster à nous, nous devrons nous ajuster à lui. Mais, il est évident que certains milieux ne peuvent s'ajuster, et il doit être aussi évident que certaines personnes ne peuvent non plus s'ajuster.

Le fait d'avoir un cerveau plus lent ou plus rapide que le milieu, fait de nous des hypos ou des hyperactifs. Cette forme d'hypo ou d'hyperactivité n'est pas une maladie. C'est une question d'expressivité. Certains Haïtiens sont hypoexpressifs par rapport à nous et d'autres sont hyperexpressifs. La rapidité cérébrale ainsi que l'habitude d'un rythme particulier déterminent cet état.

L'intelligence, chez l'enfant teflon, fait en sorte qu'il apprend plus rapidement que celui qui est plus intellectuent qu'intelligent. Il structure des façons d'associer les données avant même qu'on ait à lui montrer comment. Parce que son intelligence lui permet de savoir certaines choses avant qu'on les lui enseigne, il est souvent en avance sur nos activités de communication. Cette avance rend inutile une partie de ce que nous faisons pour lui. Il décroche donc souvent parce qu'il a fini ce que nous n'avons pas fini de faire avec lui.

Encore une fois, il ne faut pas tenter de comparer une personne d'activité X avec une autre qui a une activité Y de façon à connaître laquelle des deux est supérieure à l'autre. C'est trop souvent ce qui se passe lorsque nous étudions de nouveaux facteurs en psychologie. Si nous sommes hyperexpressifs, nous pouvons facilement dire que ce sont les autres qui ne sont pas normaux, et vice et versa.

La question n'est pas de savoir si l'enfant teflon hyperexpressif est supérieur ou inférieur à l'enfant qui ne l'est pas. La question est de comprendre les différences selon leurs valeurs réelles et non selon des valeurs émotives ou philosophiques.

L'hyperexpressivité est, sur presque tous les points, similaire à ce que nous appelons couramment "***hyperactivité***". Elle n'est pas pathologique et n'est pas un désordre biologique. Elle provient d'une activité cérébrale, psychologique et de conscience plus rapide que la norme établie par l'activité de l'ensemble.

Soigner l'hyperexpressivité?

Il faut savoir que l'hyperactivité est une maladie qui, non seulement peut être traitée, mais qui doit l'être pour le bénéfice de la personne qui en souffre. Mais la corde qui sépare l'hyperactivité de l'hyperexpressivité est extrêmement difficile à trouver.

Une chose est certaine; si on donne à un hyperactif ce dont il a besoin pour assouvir son expressivité et qu'il devient calme, alors cet hyperactif est en réalité un hyperexpressif. Le problème est de trouver ce dont il a besoin pour s'exprimer à son rythme. La problématique se complique du fait qu'il ne suffise pas d'une seule chose pour assouvir l'expressivité d'un cerveau, d'un être humain. Mais avant de passer au diagnostic de l'hyperactivité biologique, il faut prendre son temps et faire attention.

Nous pouvons certainement traiter l'hyperexpressivité,

mais nous ne le devons pas. Retournons en Haïti. Je répète que ce pays n'est pas pris en exemple afin de renchérir sur un racisme idiot de la part de certains imbéciles, mais parce qu'il est un bon exemple d'une différence entre deux peuples et que beaucoup de gens connaissent ce pays, ce qui facilite la compréhension de l'exemple. Lorsqu'une personne, habituée à un rythme excessif, arrive en Haïti et prend quelques semaines de vacances à la campagne, elle peut facilement être perçue comme hyperactive par plusieurs habitants locaux.

Imaginons une petite histoire. Pour ralentir le touriste, un médecin bienveillant verse une substance précise dans un verre de jus destiné au visiteur, et cela à son insu. Cette drogue ralentit son cerveau et l'ajuste alors au rythme local. Bien sûr, la population n'a pas besoin de cette substance parce qu'elle vit à son propre rythme. Mais, pour "aider" le visiteur à être moins actif, moins nerveux, moins frustré, plus concentré, plus calme, il lui faut cette drogue.

Le peuple local vient donc de traiter l'hyperactivité du visiteur et il en est fier. Il est convaincu qu'il a aidé cette personne et celle-ci trouve peut-être certains avantages à prendre cette substance. Elle est maintenant normale, c'est-à-dire "normale" selon le point de vue local.

Mais il est dangereux de vouloir rendre "normal" quelqu'un car on risque ainsi de perdre les avantages de son "anormalité". Nous voulons souvent rendre "normaux" les autres uniquement pour ne pas avoir à changer. En plus, il est presque toujours question, inconsciemment, de préserver notre statut, c'est-à-dire notre valeur.

Devant le neuf, le différent, les gens ont tendance à se juger. Pour ne pas avoir l'impression que le neuf est supérieur, donc qu'eux sont inférieurs, ils transforment les choses et les gens, et les obligent à être normaux. Cela dérange moins et ne fait plus peur. Dans le cas des enfants hyperexpressifs, souvent diagnostiqués hyperactifs, nous avons tendance à vouloir les "guérir" (nous considérons leur différence comme une maladie) ou à vouloir les rendre "normaux", "acceptables".

Il y a une expression qui revient souvent lors du traitement de ces enfants; "***les ramener à un niveau acceptable d'activité***". Mais nous faisons souvent fausse route en brimant les différences chez autrui. Bien sûr, une grande partie de nos efforts est basée sur de bonnes intentions, mais une autre partie est uniquement soutenue par une idée; faire en sorte que ces jeunes ne dérangent plus.

Nous ne devons pas soigner une différence, nous devons l'accepter. Le visiteur en Haiti s'est fait avoir par le peuple parce qu'il s'est vu obligé de changer uniquement parce qu'il dérangeait. On le croyait nerveux, mais on le rendait nerveux, on le croyait malheureux, mais on le rendait malheureux. Il y avait plusieurs façons de le rendre heureux et utile pour l'entourage, mais au lieu de cela, on s'est protégé de la différence, on l'a considéré malade et on l'a "guéri".

L'hyperexpressivité est l'apanage d'une personne trop rapide et souvent trop intelligente pour son milieu. C'est encore plus vrai chez un enfant parce qu'il n'a pas encore été changé par les habitudes du milieu. Un adulte peut être hyperexpressif pour deux raisons:

- À cause de ce qu'il est.

- À cause de son éducation.

L'enfant teflon qui est hyperexpressif ne doit pas être guéri, ni traité. Nous devons, si nous parlons toujours de pédagogie, adapter le milieu à lui, autant que faire se peut, afin que son hyperexpressivité disparaisse.

Nous devons donc comprendre que l'hyperexpressivité est une réaction au milieu. C'est comme si nous donnions à un génie des mathématiques, une feuille de papier pour calculer. Il sera hyperexpressif parce que la feuille et le crayon ne suffisent pas à soutenir son besoin de compter. Si nous lui donnons une calculatrice, non seulement nous le rendons heureux, mais nous le calmons déjà beaucoup. Si nous lui fournissons un ordinateur, alors nous réglons tout le problème.

Nous ne pouvons pas envisager de lui donner un "médicament" pour le rendre heureux en ralentissant son cerveau et en ajustant dans une "normalité" son besoin de calculer. Bien sûr, si nous faisons cela, il sera plus ajusté au milieu, utilisera sa feuille et son crayon comme les autres, ne sera plus un problème, mais nous venons de perdre un génie...

On ne doit pas soigner l'hyperexpressivité, on doit soigner le milieu. Il faut bien se rappeler que l'hyperactivité est semblable à l'hyperexpressivité et que plusieurs enfants soignés pour hyperactivité sont hyperexpressifs. C'est pour ça que nous devons être vigilants et prendre patience avant de vouloir "guérir" ou "traiter" l'enfant.

Il est évident que nous ne pourrons pas changer tous les cadres qui ne suffisent pas à l'expressivité de l'enfant teflon, mais nous devons néanmoins changer notre vision de l'hyperactivité.

Un enfant teflon peut être à la fois hyperactif et hyperexpressif. Comme il ne faut pas conclure trop rapidement à l'hyperactivité, il ne faut pas conclure trop vite à l'hyperexpressivité. On doit quand même s'attendre à ce qu'une bonne partie des enfants diagnostiqués hyperactifs, soient hyperexpressifs.

Le rôle de l'éducation.

Parce que l'enfant teflon a une intelligence qui lui permet de créer chez lui des trames associatives avant qu'on n'ait le temps de lui en enseigner, il arrive que, pendant les premières années de sa croissance, se constitue une pensée associative incoordonnée et inefficace. La façon de penser, de conscientiser les choses et les événements peut prendre différentes formes. L'enfant teflon a normalement une structure de logifération (capacité de penser logiquement) plus prononcée que la normale. Mais, comme il développe cette structure bien souvent seul, il se peut, dépendamment du milieu dans lequel il vit, que celle-ci ne soit absolument pas ordonnée et efficace.

Une structure de pensée n'est pas présente à la naissance. La programmation neuronique du cerveau n'est pas complétée à la naissance, ce qui laisse déjà beaucoup de place à des accidents de structuration. La conscience apparaît progressivement par la suite et l'enfant apprend, par lui-même ou par l'éducation, à structurer sa pensée ainsi que ses capacités d'interagir avec le milieu.

S'il n'a pas les facultés nécessaires pour gérer efficacement la structuration de son système de pensée, il peut devenir un hyperexpressif désordonné, très semblable à l'hyperactif. Parce qu'il est laissé à lui-même et parce qu'il n'a pas la structure psychologique pour diriger la formation de sa pensée, il peut devenir hyperactif.

Le désir, chez l'enfant, est primordial dans le développement d'un système coordonné de pensée. Le désir entraîne la recherche du résultat et, de par le fait même, il entraîne la désillusion, c'est-à-dire la découverte de l'échec et des limitations. La frustration engendrée par cette mécanique oblige le jeune à refaire continuellement sa trame de logifération. Elle l'oblige à découvrir la concentration, l'attention, la réflexion soutenue, etc.

Si un enfant teflon n'a pas suffisamment d'intensité dans ses désirs, s'il n'a pas de continuité dans ceux-ci, il ne sera pas poussé jusqu'à la désillusion et la frustration. De ce fait, il aura de la difficulté à développer une mécanique de persévérance psychologique, la concentration et l'attention.

Le fait qu'il se désiste chaque fois qu'il échoue ou qu'il n'a pas de satisfaction, sans désir de lutter, entraîne chez lui la création d'une structure de pensée frivole, qui se contente de changer continuellement de voie. Comme il est intelligent, c'est-à-dire qu'il est capable d'apprendre sans qu'on lui montre comment, il développe rapidement une pensée qui accepte ce genre de "***coq-à-l'âne***" psychologique.

Pour être intelligent, il est nécessaire d'avoir un cerveau actif et rapide. C'est ce qui permet l'expansion de la conscience et l'auto-apprentissage. Plus le cerveau est capable d'analyser de stimuli et plus cette analyse est profonde, plus la conscience est grande et plus le cerveau doit être efficace. Chez l'enfant teflon, le cerveau fonctionne rapidement. Lorsqu'il joue avec des jeux vidéos, il fonctionne normalement à très grande vitesse car son cerveau le lui permet. Ce phénomène, qui est une grande qualité, peut devenir un problème si la structuration de la pensée n'est pas supportée par un développement du désir et de recherche d'efficacité, donc de réussite, de la part de l'enfant.

Moins le jeune expérimente l'effet émotif de la déception et de l'échec, moins la réussite sera importante pour lui durant les premières années de sa vie. De par le fait même, moins sa pensée risque d'être structurée de façon à soutenir l'attention et la concentration. Comme son cerveau fonctionne rapidement, comme sa psychologie ne voit pas l'intérêt à arrêter la pensée sur une seule chose et à la maintenir là, l'enfant ne développe pas la stabilité cérébrale essentielle à la concentration et à l'attention.

Progressivement, son cerveau, travaillant toujours très vite et n'étant pas retenu par un effort de volonté, devient comme un cheval fou et erre librement, entraînant avec lui l'enfant dans une hyperactivité plus ou moins incoordonnable.

Nous savons aujourd'hui que la pensée de l'homme peut influencer sensiblement le travail du cerveau. Plus une personne est angoissée, plus le cerveau émet une certaine longueur d'onde. Plus la personne est calme, plus son cerveau émet une autre longueur d'onde. Plusieurs individus ont déjà entendu parler des ondes "alpha". La pensée, bien qu'influencée par l'état du cerveau, influence également celui-ci.

Lors d'un électroencéphalogramme, c'est-à-dire la mesure de l'activité cérébrale avec un appareil qui enregistre les influx électriques du cerveau, nous pouvons voir clairement et mesurer l'activité de certaines régions cérébrales pendant qu'un individu contrôle certains aspects de sa psychologie. Nous avons un électroencéphalogramme particulier à certains états psychologiques et cérébraux.

Dans le cas d'un enfant hyperactif, nous devrions avoir une lecture particulière, relative à un fonctionnement cérébral particulier. Médicalement, nous retrouvons justement une lecture typique chez certains patients hyperactifs. Mais comme il est possible d'influencer ce que le cerveau fait, dans une certaine mesure, il est possible de l'améliorer comme de le détériorer.

L'enfant teflon, qui n'a pas de motif de persévérer dans ce qu'il fait, lorsqu'il est jeune, abandonne inconsciemment et involontairement l'évolution de son cerveau à lui-même. Une activité aléatoire peut alors survenir et l'enfant se laissera souvent guider par elle. Il devient hyperactif par manque de suivi dans le développement du désir de persévérer.

L'éducation a donc un très grand rôle à jouer durant les premières années de la vie de l'enfant, et, parfois, dans ses premiers mois, en ce qui concerne le processus de croissance d'une forme de l'hyperactivité. L'hyperexpressivité découle normalement du même processus, car l'enfant n'a pas appris à persévérer, ce qui l'entraîne dans une quête du facile et du tout fait.

Lui apprendre à persévérer.

Un enfant teflon est un enfant qui peut devenir très exigeant car il considère facilement qu'il devrait tout avoir dès qu'il en a envie. Ce phénomène est relié à la vitesse de fonctionnement de son cerveau. Nous avons tous expérimenté, un jour, que le temps psychologique n'est pas stable. Certaines journées, nous trouvons que le temps passe très vite tandis que d'autres fois, nous trouvons qu'il passe lentement.

L'occupation n'est pas le facteur unique qui joue sur notre perception du temps. Lors d'un accident, certaines personnes ne se rappellent de rien alors que d'autres disent avoir tout vu se dérouler au ralenti. Ils ont souvent l'impression que leur accident a duré de longues minutes alors que tout s'est passé en quelques secondes. Le facteur de perception du temps joue un grand rôle dans le phénomène d'impatience psychologique.

Pour l'enfant teflon, le temps ne s'écoule pas nécessairement comme chez nous. Il peut être extrêmement impatient parce que le temps s'écoule lentement, lui donnant l'impression qu'il attend trop longtemps, donc qu'il se fait manipuler, et comme il recherche les résultats dans l'immédiat terme, il peut devenir surimpatient.

Chez d'autres jeunes teflons, par contre, le temps s'écoule différemment, faisant d'eux des êtres extrêmement patients. Parce que le déroulement du temps psychologique influence la perception que nous avons de la vie, il influence aussi sur nos désirs et sur l'état de satisfaction-insatisfaction.

L'enfant teflon veut avoir des résultats dans l'immédiat terme. Parce que son temps psychologique l'entraîne souvent dans une forme de perception l'amenant à être impatient, il peut se lasser rapidement de plusieurs choses qu'il fait. Ce n'est pas tout à fait un manque de concentration, mais plutôt un écoeurement engendré par une déception due à sa perception du temps.

L'enfant teflon peut vouloir à tout prix jouer au tennis. Il se présente à un cours et commence les exercices de base. Il peut se lasser assez vite de cela, car ce qu'il veut, ce n'est pas apprendre à jouer, mais jouer. Le besoin du résultat dans l'immédiat terme juxtaposé à sa perception du temps peut le détourner rapidement de son objectif.

Lorsqu'il commence à frapper la balle contre un adversaire, il découvre qu'il n'est pas aussi bon qu'il l'aurait voulu. Il manque souvent son coup et, le résultat se faisant attendre, après une, deux ou trois leçons, il peut abandonner, prétextant qu'il n'aime pas ça comme il l'avait pensé, ou encore que ce jeu est plus ennuyant qu'il ne l'avait supposé.

Il peut commencer plusieurs choses dans une année et ne pas en finir une seule. Le fait qu'il change souvent d'idée fait de lui un "hyperactif", c'est-à-dire une personne très instable qui ne peut se brancher et qui se lasse rapidement de tout. Si l'enfant est dans une classe, à l'école, le même processus se répète. Comme il ne peut pas sortir et s'en aller, et étant donné que son cerveau continue de fonctionner rapidement, il devient évident que le cadre l'empêche de s'exprimer à sa guise et il devient dérangeant.

L'hyperexpressivité est toujours une impossibilité d'ajuster le cadre à l'expression ou l'expression au cadre. Dans le cas de l'enfant teflon, il est plus facile d'ajuster le cadre à ce qu'il est, du moins au début, pour, progressivement, l'instruire des façons applicables pour ajuster son besoin de "***bouger psychologique***" à ce qui l'entoure.

Il faut bien comprendre que si nous vivons un stress

psychologique, comme dans le cas d'un enfant teflon qui se voit limité dans son expression par les règlements et par le milieu, le corps physique vit lui aussi ce stress et l'exprime en fourmillement, besoin de bouger ou maladie. L'hyperactivité psychologique, l'hyperexpressivité, entraîne toujours une hyperactivité physique.

La persévérance est l'un des points importants à inculquer à un enfant teflon. Mais il ne faut pas le forcer à persévérer dans ce que NOUS, nous aimons. Il faut qu'il apprenne à être persévérant dans ce qu'il entreprend et donc, dans ce qu'il aime. Bien sûr, il peut changer d'idée quelquefois, mais on doit le motiver à poursuivre ce qu'il commence afin qu'il apprenne que le résultat qu'il recherche est atteignable, mais pas nécessairement dans l'immédiat terme. Ainsi il connaîtra le court et le moyen terme, ce qui lui sera des plus salutaires au cours de sa vie.

Comme toujours, l'enfant teflon ne demande pas uniquement des explications pour comprendre, il a besoin d'exemples. Si les adultes qui l'entourent sont persévérants, alors le jeune acceptera de le devenir.

L'intelligence hyperexpressive.

Comme nous l'avons vu, il y a plusieurs causes possibles à l'hyperexpressivité. Récapitulons ces causes possibles:

- rapidité cérébrale exigeant un cadre rapide pour le satisfaire
- perception différente de l'écoulement du

temps engendrant un temps psychologique déphasé sur le temps dit réel
- capacité de comprendre et d'apprendre très élevée engendrant l'ennui, compensé par le jeune par une hyperactivité physique ou hyperkynésie
- recherche de résultats dans l'immédiat terme engendrant le manque de persévérance, obligeant l'enfant à une recherche continuelle de nouvelles choses à faire
- frustrations motivant le jeune à compenser par une activité accrue uniquement pour manipuler le milieu, en dérangeant, ce qui lui permet d'obtenir un résultat dans l'immédiat terme

À travers toutes ces causes possibles, dont plusieurs peuvent être présentes en même temps, la plus importante, du moins celle que l'on retrouve le plus fréquemment comme cause d'hyperexpressivité est l'intelligence hyperexpressive. Le fait que l'enfant teflon soit intelligent lui permet, comme nous l'avons vu, de structurer lui-même sa pensée. Cela l'amène à devancer souvent les autres jeunes car il n'a pas à attendre qu'on le lui enseigne.

Dans une classe, par exemple, il peut devenir rapidement hyperexpressif parce qu'il devance, non seulement les autres élèves, mais aussi la leçon du professeur. Parce qu'il comprend vite, s'il est intéressé par la matière, il a besoin d'aller plus loin, plus vite. L'obligation d'attendre après le groupe, engendre chez lui un stress. Comme le stress s'exprime facilement par le corps, l'enfant devient hyperactif.

Son besoin de travailler cérébralement lui amène toute une panoplie d'idées qui dérangeront l'ensemble de la classe. Son cerveau continue à travailler et son besoin d'exprimer son intelligence le force à l'expression, donc à bouger, parler, faire des farces, ce qui dérange tout le monde.

L'intelligence hyperexpressive n'est un problème que dans les cas où le cadre ne permet pas son expression. J'ai connu des enfants qui avaient été placés sous traitement médicamenteux uniquement pour les ralentir afin qu'ils puissent réintégrer leur classe sans déranger.

Nous avons trop souvent l'impression que, parce qu'un enfant teflon est intelligent, il devrait comprendre ce que nous lui demandons et il devrait faire les efforts nécessaires pour se tenir tranquille. Mais nous devons comprendre et accepter que le rôle de l'enfant n'est pas de nous obéir et de ne pas nous déranger. Bien que nous ne puissions accepter qu'il soit continuellement en désharmonie avec nous, nous ne pouvons prétendre que l'intelligence est nécessairement en accord avec toutes nos demandes et exigences.

L'enfant teflon est justement suffisamment intelligent, il est assez mature psychologiquement et assez puissant pour refuser tout ce qu'il ne comprend pas ou ce qu'il n'aime pas. Son intelligence lui fait bien comprendre qu'il n'a pas à obéir, mais qu'il doit avoir une place comme les autres, comme les grands. Il est faux de dire qu'un enfant intelligent obéit plus qu'un autre. C'est souvent le contraire qui se produit et c'est l'une des marques de l'intelligence; être sélectif dans l'obéissance.

L'enfant teflon accepte de faire ce que nous lui demandons si ce n'est pas absurde pour lui. S'il est d'accord, alors il obéit, mais, en réalité, c'est n'est plus de l'obéissance, c'est de la ***PARTICIPATION***.

Nous pensons que l'enfant devrait, s'il est intelligent, comprendre qu'il ne peut avoir un traitement particulier et qu'il doit comprendre qu'il est normal de se restreindre au rythme d'un groupe. Non seulement ce n'est pas évident, mais pour l'enfant teflon, ce peut devenir tout à fait intolérable.

Prenons un exemple. Pour le jeune qui a passé sa jeunesse avec des amis qui parlaient l'anglais et d'autres, le français, devoir assister à un cours d'anglais, même s'il est bilingue, uniquement parce que les autres ne le sont pas, est totalement absurde.

S'il est intelligent, il refusera de faire l'effort de perdre son temps, il refusera d'obéir, il refusera l'absurde et exigera un traitement en harmonie avec ce qu'il est. Il demandera d'aller passer le temps de ce cours à la bibliothèque ou au gymnase. Il est intelligent et son intelligence lui fait voir plus loin que nos concepts. Il a raison et nous devrions pouvoir lui donner raison. Sinon, ne pouvant contrôler l'expression débordante de son intelligence, de son besoin d'apprendre, de découvrir du neuf, il deviendra hyperexpressif.

Plusieurs jeunes teflons se lassent rapidement de ce qu'ils commencent, uniquement parce qu'ils sont autodidactes. Leur intelligence leur permet d'apprendre plus rapidement s'ils ne sont pas confinés dans un cadre organisé pour une masse.

Prenons un autre exemple. Dans un cams particulier, où les jeunes apprenaient le tir au pistolet, un adolescent teflon était toujours en train de résister à l'instructeur. Celui-ci lui expliquait comment placer ses pieds, ses mains et il insistait sur un fait; ne pas armer le chien, appuyer lentement sur la détente et tirer calmement.

Mais le jeune teflon devenait hyperactif chaque fois qu'il devait tirer. Il n'écoutait pas, plaçait ses pieds à sa façon, armait le chien et vidait son arme en quelques secondes en manquant presque toujours la cible.

Devant un enfant teflon qui agit comme lui, nous nous demandons souvent; "*s'il a de l'intelligence, que fait-il avec?*". Ce qu'il fait avec? Pas grand-chose car nous sommes souvent là pour lui nuire. Nous ne devons pas nous culpabiliser de cela, nous devons le constater. Bien que notre aide lui soit le plus souvent qu'autrement utile, il arrive quelquefois que nous lui nuisons involontairement.

Dans ce cas, l'instructeur lui a demandé pourquoi il faisait toujours à sa tête au lieu d'écouter les conseils d'une personne expérimentée. L'adolescent lui a répondu qu'il faisait à sa tête parce qu'elle était bonne et que c'était elle qui contrôlait les bras et les mains. L'instructeur lui a alors demandé s'il pensait apprendre mieux seul. Le jeune a répondu que oui et que s'il pouvait le faire, qu'il irait voir l'instructeur seulement s'il avait besoin de lui. Il s'est retrouvé seul, et il a tiré à son goût, de la façon et au rythme qu'il voulait. Il a appris, seul, plus rapidement que la majorité des autres jeunes et il a su développer une précision égale à ceux qui avaient suivit le cours dans sa forme traditionnelle.

L'enfant teflon est autodidacte et comme son intelligence lui permet de structurer sa pensée d'une façon individuelle, il a souvent de la difficulté à s'intégrer dans une forme organisée d'apprentissage. Si on l'oblige quand même à le faire, il devient rapidement hyperexpressif. Sa façon d'apprendre n'est pas toujours bonne, mais s'il a accès à un guide lorsqu'il en a besoin et qu'il reçoit uniquement les réponses à ses questions, il parvient à s'ajuster progressivement à ce que nous attendons de lui; le résultat et la persévérance.

Il devient plus heureux d'apprendre ***DE*** nous, ***AVEC*** nous. Pour lui, découvrir comment apprendre fait partie des plaisirs d'apprendre. Il préfère s'instruire que d'être instruit. Bien sûr, s'il aime son professeur, si le respect est établi entre eux, il prendra la solution la plus facile, c'est-à-dire, faire confiance à l'instituteur. Mais il doit conserver sa liberté d'apprendre selon la forme qu'il considère la plus plaisante.

Il ne devient pas hyperexpressif s'il a le cadre nécessaire pour supporter son intelligence. Ce cadre est matériel, mais il est surtout humain. Devenir complice de son hyperexpressivité c'est lui permettre d'être autodidacte. C'est lui donner, autant que possible, lorsqu'il le mérite, c'est-à-dire lorsqu'il respecte ses engagements et ses ententes avec nous, le cadre matériel qu'il demande, et lui donner la liberté d'être différent dans son apprentissage.

Devenir complice.

Nous avons vu de quelles façons pouvait s'exprimer l'hyperexpressivité. Nous avons vu également ce qui pouvait la causer. Pour devenir complice, il faut être capable de jouer sur le concept de ce qu'est une "activité normale". Le fait qu'un enfant teflon nous dérange ou dérange d'autres personnes n'est pas uniquement de sa faute. Tout dépend de la dose d'activité que nous permettons à autrui avant de considérer qu'il nous dérange.

Pour certaines personnes, le fait que leur enfant parle pendant qu'elles regardent un programme télévisé, les dérange. Pour d'autres, ça ne les dérange pas. Nous devons donc repousser les limites du dérangement. Cela donne plus d'espace à l'enfant et, très rapidement, nous nous en rendrons compte, améliorera notre vie avec lui et nous économisera beaucoup d'énergie. Si nous tolérons plus de choses bénignes, nous aurons plus d'énergie et de temps pour nous occuper des vrais problèmes que peut apporter l'enfant.

Pour devenir complice de son hyperexpressivité, il nous faut comprendre, donc accepter, ce qui la cause. Cela ne veut pas dire de tolérer l'hyperexpressivité, nous avons le droit à notre vie nous aussi, mais, acceptant ce qui la cause, nous pourrons plus facilement aider l'enfant à compenser pour ses manques et à ajuster ce que nous pouvons de façon à ce que cette hyperexpressivité devienne de l'expressivité.

Nous avons vu que l'hyperexpressivité pouvaient s'exprimer de plusieurs façons:

- activités excessives
- incapacité de s'arrêter sur une seule activité
- incapacité de se concentrer efficacement
- poser beaucoup de questions, ne pas faire attention aux réponses
- bouger sans arrêt
- parler sans arrêt
- besoin de déranger, d'accabler et même de violenter
- difficulté à dormir

- être facilement énervé par une relaxation
- hyperagressivité
- hypersensibilité
- hyperirritabilité.

Pour faciliter notre complicité, nous devons comprendre que notre enfant n'est pas un monstre et qu'il n'a pas que des défauts. Surtout que dans la majorité des cas, ce sont ses qualités qui causent les problèmes.

Repassons les symptômes de l'hyperexpressivité et comprenons par quoi ils sont causés. Nous pouvons consulter le tableau schématique de la page suivante pour avoir un rapide aperçu des expressions et des causes. Il faut comprendre qu'un problème a normalement plusieurs causes et qu'il est presque impossible d'en expliquer toutes les sources.

Si nous parvenons à comprendre la psychologie de l'enfant teflon, nous pourrons facilement découvrir les causes de l'hyperexpressivité de chaque enfant avec lequel nous avons à vivre ou à travailler. Chaque jeune est différent, chaque parent et chaque professionnel est différent et chaque cadre dans lequel évolue l'enfant est différent. Comme les causes d'un problème donné dépendent de tout ça réuni, il est évident qu'un livre sérieux ne peut prétendre résoudre toute la problématique.

Nous pouvons avoir un bon coup de main grâce à un bouquin, mais le meilleur remède à un problème de pédagogie reste l'intervenant. Dans le cas de l'enfant teflon, nous pouvons même se faire aider par lui.

Tableau schématique des causes

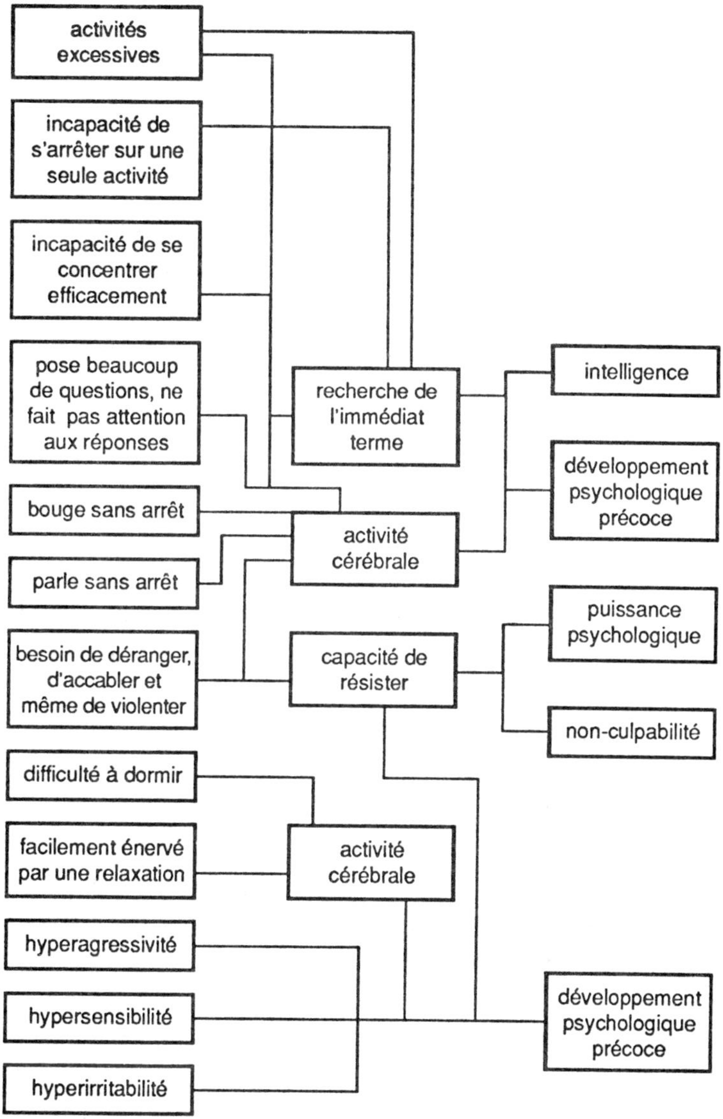

L'activité excessive

Le fait que l'enfant teflon recherche les résultats dans l'immédiat terme l'entraîne souvent dans une activité excessive. Son intelligence est en plein développement et il prend plaisir à la développer. L'activité cérébrale, chez lui, est telle qu'il a besoin d'actions, mais d'actions cérébrales. C'est pourquoi plusieurs jeunes teflons apprécient tant les jeux vidéo car ceux-ci sont parfaitement adaptés à ce besoin.

L'enfant teflon se plaît avec tout ce qui demande de la coordination cérébrale et de l'habilité à apprendre sans professeur. Il se plaît aussi avec ce qui permet la découverte de nouvelles choses et qui permet au cerveau de travailler. Avec un jeu vidéo, la rapidité est de mise et l'enfant teflon ne s'amuse pas longtemps dans les niveaux bas du jeu. Ce n'est pas long qu'il gagne les niveaux où la vitesse du déroulement devient extrêmement rapide, ce qui satisfait une partie de son activité cérébrale. L'hyperexpressivité problématique disparaît alors.

Il est évident que nous ne pouvons pas laisser le jeune devant un écran vidéo toute la journée, mais le besoin de ce genre d'activité, en plus du plaisir du jeu, le comble d'une façon parfaite. Si nous trouvons d'autres activités qui permettent l'expression de cette bougeotte cérébrale, nous aurons un très bon exutoire à son activité excessive.

On en revient encore au cadre. L'hyperexpressivité est causée par une réaction au milieu. Moins il permet au jeune de s'exprimer, plus il devient hyperexpressif. Comme il recherche l'immédiat terme en plus d'avoir le goût de vivre au rythme de son cerveau, l'enfant teflon bouge sans cesse dans un cadre fixe ou trop lent.

L'incapacité de s'arrêter sur une seule activité

La recherche du résultat dans l'immédiat terme est la plus grande cause du manque de concentration de l'enfant teflon. Dans ce qu'il aime, il se concentre bien, mais dans ce qu'il n'aime pas, c'est tout le contraire.

L'activité cérébrale et son besoin du résultat immédiat l'entraîne dans une non-persévérance où il peut facilement développer une philosophie du "tout avoir tout de suite". S'il n'apprend pas, en bas âge, à mériter ce qu'il a, il ne comprendra que plus tard la valeur des choses.

Pour qu'il puisse s'arrêter sur certaines activités, il faut évidemment que celles-ci lui plaisent. Elles lui plairont s'il peut exprimer son activité cérébrale ou s'il a des raisons intelligentes de les faire. Il peut relativement se calmer à l'école, s'il aime son professeur, s'il aime la matière, et il l'aimera plus facilement si une raison intelligente soutient ses efforts.

Comme l'enfant teflon est ce qu'il est, il ne faut pas tenter de le changer dans sa totalité. Nous n'y parviendrons pas et nous le perdrons. Il faut ajuster certaines choses, mais il ne faut pas penser pouvoir le rendre "normal", c'est-à-dire, le déformer pour le reformer à notre goût ou à celui de la masse.

L'enfant teflon peut s'arrêter sur une seule activité, mais il ne pourra peut-être pas le faire comme le font les jeunes qui ne sont pas teflons. Il doit changer d'activité souvent et nous devons permettre cela. Progressivement, il va s'adapter à l'idée de persévérer, mais nous ne devons pas l'y forcer car nous risquons de le faire décrocher avant même qu'il ait commencé à en comprendre l'utilité.

Incapacité de se concentrer efficacement

L'enfant teflon est capable de concentration, mais certains paramètres doivent être réunis pour lui faciliter la tâche. Si nous pouvons faire en sorte qu'un enfant qui n'est pas teflon, un enfant ancien (celui qui s'adapte au cadre traditionnel) se concentre, même sur un travail ou une étude qu'il déteste, uniquement par la répression, les menaces ou les punitions, nous échouerons totalement avec un jeune teflon.

Plus nous forcerons le jeune à se concentrer sur une chose, plus il se concentrera sur nous. Trop d'enfants teflons ont été mal canalisés dans la découverte de la concentration. C'est déjà un gros effort, pour lui, que d'être restreint à aller à l'école, par exemple, et c'est trop lui en demander que de mettre son énergie à ne percevoir que ce que nous lui demandons de percevoir. Si nous voulons qu'il se concentre sur un problème mathématique, il devra aimer les mathématiques au préalable.

La concentration demande un effort psychologique et doit être soutenue par un travail physique, normalement cérébral. Pour cela l'enfant doit faire en sorte qu'une grande partie de l'activité cérébrale soit canalisée uniquement vers un point. Il doit donc apprendre à avoir une pensée sélective et à faire fi des autres stimuli qui lui parviennent.

Mais, comme nous l'avons vu, l'enfant teflon perçoit plus de stimuli que la moyenne des gens et son cerveau est capable d'en analyser une quantité plus grande et il fait cette analyse plus en profondeur. Ce processus permet une forme d'attention, c'est-à-dire que le jeune est "***concentré sur tout***", ce qui l'empêche de devenir concentré comme nous l'entendons, car pour cela, il devra être "***attentif sur***

une seule chose".

Par contre, si nous faisons de la concentration, un jeu, une technique à apprendre à elle seule, l'enfant teflon y prendra goût et parviendra à contrôler l'activité de son cerveau et deviendra capable de concentration. Développer un cours ou une partie de cours sur la concentration est une solution très ajustée pour lui. C'est un défi mental qu'il aimera relever. Se contrôler, amène un résultat dans l'immédiat terme et demande un travail cérébral qui lui plaira.

Pose beaucoup de questions, mais...

L'enfant teflon peut devenir un grand poseur de questions, mais il n'écoute pas toujours les réponses que nous lui donnons. Il faut comprendre que le jeu de la "question" fait partie de son développement psychologique et mental. Pour pouvoir poser une question, il faut un énorme travail d'***association psychologique***, une ***conscientisation des mémoires*** et un ***travail coordonné du cerveau.***

Pour le jeune, la question peut être plus importante que la réponse. Souvent, le développement de la conscience du jeune teflon se fait par la parole. ***Celle-ci ajuste sa pensée.*** Plus il parle, plus il comprend certaines choses.

Dans ce phénomène de la question, il y a quelques facteurs qui peuvent faire en sorte que l'enfant ne porte pas attention aux réponses:

- il jouit de formuler de nouvelles questions, une par dessus l'autre, ce qui développe sa conscience

- il se répond lui-même, en même temps qu'il pose sa question
- il a entendu la réponse que nous lui avons donnée, l'a mémorisée et y reviendra plus tard, lorsqu'il sera seul, ce qui nous donne l'impression qu'il ne fait pas attention à nos réponses
- il veut simplement communiquer et, ne sachant comment, pose des questions, ce qui retient notre attention sur lui
- il veut contrôler l'extérieur et le fait par la pose de questions, en essayant de nous confiner dans un cul-de-sac où nous ne pourrons plus répondre.

Il y a d'autres raisons expliquant la pose de questions sans intérêt pour les réponses, mais habituellement, c'est l'une de celles qui ont été énumérées.

Nous devons répondre à ce genre d'enfants en lui posant, nous aussi, des questions. Nous ne devons pas lui demander pourquoi il en pose, mais nous devons lui donner des réponses aux siennes, en lui en posant d'autres, le forçant à y répondre verbalement. Nous devons le rejoindre dans son activité et devenir complice de son jeu. Ainsi, nous l'habituerons à venir nous poser que les questions auxquelles il n'a pas la capacité de répondre.

Bouge sans arrêt

La frustration, le fait de ne pas aimer être où il est, le fait d'être dans un cadre où il ne peut exprimer à pleine capacité ce qui se passe à l'intérieur de lui, le fait d'être dans un milieu trop lent, oblige l'enfant à vivre une espèce de "survie" psychologique. Il doit freiner trop de choses intérieures en même temps et n'y parvenant pas complètement, il en exprime une partie dans son corps et devient hyperactif physiquement.

Pour compenser cela, on doit lui donner la possibilité de bouger de temps en temps. Il doit pouvoir se vider et se défouler. Il est dit, dans le domaine de la communication, qu'il est improbable de pouvoir retenir l'attention d'un téléspectateur adulte pendant plus de quinze minutes d'affilé. Demander à des enfants et à des adolescents de le faire pendant une heures ou plus devient contradictoire. Si l'enfant est teflon, c'est presqu'impossible.

Nous devons comprendre qu'il est normal, chez un enfant qu'il bouge beaucoup. Il est plein de vie et il a besoin de faire quelque chose avec. Dans le cas de l'enfant teflon, l'activité cérébrale doit être supportée par le milieu. Si ce n'est pas le cas, il bougera sans arrêt car c'est le corps qui devient le média d'absorption.

Plaçons Mozart, enfant, dans une classe avec un piano de cinq notes, et nous aurons un enfant qui bougera sans cesse. Donnons lui un piano complet et nous aurons réglé le problème.

Parle sans arrêt

Pour plusieurs personnes, le dicton "*la parole est d'argent et le silence est d'or*" reste vrai, mais, souvent, pour l'enfant teflon c'est ***la parole qui est d'or et le silence d'argent***. Plus la conscience est en activité chez un être humain, plus il a besoin de mots et d'associations de mots, de concepts, pour se retrouver. La parole ajuste la pensée.

L'activité cérébrale, supportant une grande activité psychologique peut faire en sorte qu'un enfant teflon parle sans cesse. Normalement, ce qu'il dit a du sens, mais il peut aussi faire continuellement des farces, neuves, comme des jeux de mots. Il se peut aussi que ce qu'il dit n'ait pas tellement d'importance, mais dans tous les cas, c'est une résultante de son activité cérébrale, donc de son intelligence.

La meilleure façon de canaliser efficacement ce besoin de parler est d'emmener lentement l'enfant vers une discussion. Il doit apprendre à discuter, plutôt qu'à parler inutilement. Mais nous devons être certains qu'il ne parle justement pas inutilement, c'est-à-dire que s'il parle pour se désennuyer, nous pouvons paramétrer ce besoin vers la "***discussion***".

Lui apprendre à discuter, par l'acceptation de ses questions, et par l'échange réciproque d'informations, peut l'emmener à contrôler son flot de paroles. S'il parle beaucoup, il ne faut pas en faire un drame car le fait de trop parler n'est pas un véritable problème, même si c'est l'un des effets de l'hyperexpressivité.

Son activité psychologique ne pouvant être contenue à l'intérieur, il en exprime une partie par la parole. Plus il apprend à se servir de la parole, plus il développe sa maturité. Il ne faut donc pas tenter de réfréner cela, mais plutôt de le canaliser.

Besoin de déranger, d'accabler...

L'intelligence active chez lui, lui fait voir le monde à sa façon. Parce qu'il a une capacité de résister, parce qu'il recherche les résultats dans l'immédiat terme et parce qu'il a une activité cérébrale et psychologique active, il peut devenir un être qui aime déranger autour de lui.

Comme nous l'avons vu dans les volumes précédents, l'enfant teflon vivra une grande part de son développement psychologique dans la manipulation. La manipulation permet à son intelligence de s'exprimer. Comme il a une puissance psychologique et une capacité à ne pas se culpabiliser, l'enfant teflon devient facilement un grand manipulateur.

Son hyperexpressivité peut s'exprimer dans un besoin de déranger, de manipuler autrui en les accablant et il peut devenir violent uniquement pour savourer plus grandement un résultat immédiat. Bien qu'il soit intelligent, il n'est pas ajusté. Si le milieu ne lui permet pas de satisfaire ses besoins de résultats immédiats et son activité cérébrale, il peut convertir l'environnement en terrain d'apprentissage du contrôle et devenir manipulateur.

Il n'a pas besoin de déranger, mais il a besoin de s'exprimer d'une façon ou d'une autre, ce qui fait qu'il dérange. Il n'a pas besoin d'accabler, mais, pour la même raison, il peut devenir accablant ou violent. Dans le cas de la violence, c'est souvent une façon de communiquer qu'il a appris par l'expérience. Il est plus écouté et il réussit mieux à atteindre ses objectifs ainsi. Ce n'est pas ajusté, socialement ce n'est pas intelligent, mais dans un point de vue individuel, la violence peut être un moyen intelligent, car efficace, de passer son point de vue et d'aller chercher ses satisfactions.

Nous devons ouvrir des portes à l'enfant pour qu'il n'ait pas besoin de communiquer par la violence. Il nuit à l'entourage et se nuit inconsciemment. Nous ne devons pas trop le punir, parce que la punition colle mal sur lui. Il doit plutôt découvrir des moyens d'exprimer son hyperexpressivité de façon à aider plutôt qu'à nuire.

Difficulté à dormir

Si l'enfant teflon doit affronter la nuit avec un lot de frustrations, il aura de la difficulté à trouver le sommeil. Sa tête continue à travailler car l'activité cérébrale se poursuit. Si l'enfant a été satisfait par sa journée, s'il est psychologiquement comblé, il ne tentera pas de se servir de son sommeil pour vivre ce qu'il n'a pas eu.

Il dormira mieux et sera moins irritable le lendemain. Plusieurs facteurs peuvent nuire au sommeil, mais l'hyperexpressivité non canalisée dans la journée empêche l'enfant de dormir paisiblement. Plus nous ajusterons le cadre, plus nous comprendrons ses besoins, plus nous deviendrons complice de cette hyperexpressivité, moins celle-ci nuira à son sommeil.

Facilement énervé par une relaxation

Le sommeil, comme la relaxation, peut être empêché par l'activité de son cerveau. Comme l'enfant teflon veut des résultats immédiats, comme il a une activité cérébrale rapide, le fait de devoir se relaxer peut engendrer un stress tel qu'il deviendra plus excité.

Nous devons comprendre les relations entre son hyper-expressivité et l'incapacité de faire une relaxation. Il ne sert à rien de dire qu'il devrait être capable de se relaxer. Il est capable, mais pour lui, la relaxation peut prendre une forme très différente de ce qu'elle est pour nous.

L'enfant teflon n'est pas relaxé quand il nous permet de nous relaxer. Il se relaxe beaucoup en courant, en criant et en jouant. Il peut apprendre à se relaxer en même temps qu'il apprend la concentration. Il peut parvenir à maintenir son corps dans une inactivité relaxante, mais cela doit faire partie d'un apprentissage spécialisé et non global comme nous avons souvent tendance à le lui enseigner.

Hyperagressivité, hypersensibilité, hyperirritabilité.

Lorsque son développement psychologique n'est pas reconnu par l'entourage, lorsque nous le traitons comme s'il était plus jeune, il peut devenir agressif. Parce que nous considérons un enfant teflon de huit ans comme s'il avait huit ans psychologiquement, en prenant comme référence un enfant ancien, nous le traitons en inférieur. Cette façon de procéder, parce qu'il se considère à un niveau supérieur par rapport à la communication, peut le rendre hyperagressif.

Son intelligence active, son cerveau rapide, sa puissance psychologique et son développement psychologique précoce, dans un monde où on lui refuse d'être ce qu'il est, le rend agressif et irritable.

Parce qu'il perçoit plus de chose que ce que nous

pensons, il est souvent hypersensible à tout ce qui se passe. Cette hypersensibilité n'est pas nécessairement émotive, mais mentale. Elle peut devenir la raison de son hyperirritabilité qui engendrera l'hyperagressivité.

L'hyperexpressivité chez l'enfant teflon est, encore une fois, une réaction au milieu. Ce n'est pas une maladie, mais plutôt un malaise qui ne se corrige qu'en fonction des deux partis; lui et le milieu.

Devenir complice de son hyperexpressivité c'est comprendre que l'enfant teflon a, comme nous, besoin d'un cadre approprié pour vivre et que, parce qu'il est plus limité en moyen que nous le sommes, il éclate plus fort dans la vie comme dans le milieu.

CONCLUSION

Vivre avec un enfant teflon semble peut-être compliqué. Mais il faut bien comprendre que ce livre (comme les autres consacrés au même sujet de l'enfant nouveau*) a été écrit pour traiter uniquement des problèmes que peuvent rencontrer l'enfant et l'adulte.

Parce que ces livres tentent d'aider les parents et professionnels de l'éducation, ils se concentrent sur les problèmes, ce qui peut donner une vision assez négative de l'enfant teflon. Mais nous devons savoir que vivre avec un enfant teflon est souvent un grand bonheur. Parce qu'il est différent, il nous demande un peu d'ajustement, mais il sait rendre la pareille à nos efforts.

Nous devons aussi nous rappeler que l'enfant teflon n'est pas un enfant *à problèmes*. Comme tous les jeunes, il crée des remous là où il passe, mais il n'est pas pire que les autres. Nous aussi, adultes, créons des remous là où nous passons et nous ne sommes pas des adultes à problèmes pour autant.

Ces livres ont été écrits pour faciliter notre travail et il est important de comprendre qu'un enfant teflon n'a pas tous les *défauts* relatés dans ces volumes. Certains jeunes en ont certains, et d'autres en ont d'autres.

Nous pourrions écrire un livre sur les joies et le bonheur de vivre avec un enfant teflon. Mais nous vous laissons le soin de découvrir cela vous-même, avec lui. Plus vous vous rapprocherez de cet enfant, plus vous découvrirez la facette heureuse de cette différence.

---

* *Voir* Comprendre et aider l'enfant teflon, *paru également aux éditions Le Souffle d'Or.*

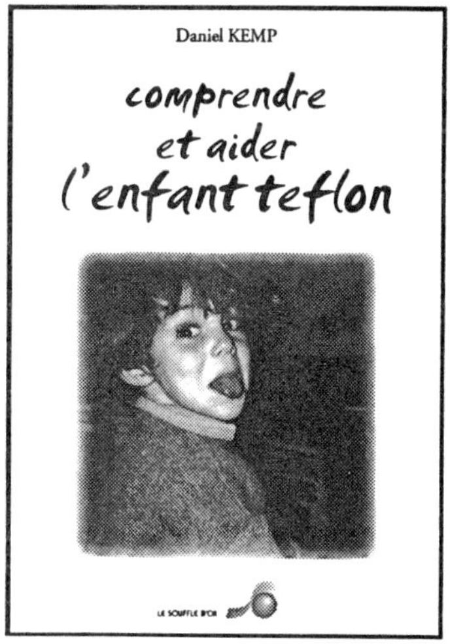

Cet ouvrage fait suite au volume *Le syndrome de l'enfant teflon.* Il couvre la période de la naissance à l'adolescence. On y aborde plusieurs problèmes fréquents, ainsi que leurs solutions, vécus à la maison, en garderie, ou à l'école.

L'auteur nous présente une vision neuve de l'éducation ainsi qu'un cheminement nous permettant d'ajuster notre pédagogie à ce jeune sur qui rien ne colle, afin de vivre en harmonie avec lui. Nous devons appliquer de nouvelles méthodes pédagogiques si nous voulons parvenir à vivre en harmonie avec lui.

Comme le dit si bien l'auteur : « L'enfant est comme un diamant qui, s'il est bien taillé, devient la fierté du tailleur et de ceux qui le voient, mais qui peut être totalement gâché dans les mains d'un apprenti ou d'un incompétent. »

Daniel Kemp est très engagé dans les milieux de l'éducation. Son travail auprès des jeunes et les nombreuses conférences qu'il a données l'ont amené à écrire sur la jeunesse actuelle.

Achevé d'imprimer en février 1996
sur presse CAMERON,
par Bussière Camedan Imprimeries
à Saint-Amand-Montrond (Cher)